Ulrike Aufderheide

Öffentliche und gewerbliche Grünflächen naturnah

Gedruckt auf
100% Recyclingpapier

Ulrike Aufderheide

Öffentliche und gewerbliche Grünflächen naturnah

Praxishandbuch für die Anlage und Pflege

Herausgegeben von
Heinz Sielmann Stiftung, NaturGarten e. V.,
Naturpark Our, Umweltzentrum Hannover e. V.

pala verlag

Alle in diesem Buch enthaltenen Informationen wurden sorgfältig erstellt und überprüft. Dennoch muss jegliche Haftung seitens der Herausgeber, der Autorin oder des Verlags für Sach- und Personenschäden ausgeschlossen werden.

Ein Hinweis zu den Pflanzenlisten: Es sind nur diejenigen Pflanzen als giftig gekennzeichnet, die in dem Buch von L. Roth, M. Daunderer und K. Kormann »Giftpflanzen-Pflanzengifte« aus dem Nikol-Verlag als »stark giftig« oder »sehr stark giftig« eingestuft werden. Auch andere Pflanzen können giftige Inhaltsstoffe enthalten, die Dosis macht aber das Gift. Dass Pflanzen auf öffentlichen Grünflächen, die nicht als Nutzpflanzenbeete angelegt sind, nicht zum Verzehr gedacht sind, gehört zum Alltagswissen. Trotzdem können es bestimmte Nutzungssituationen erfordern, dass auf Pflanzen mit problematischen Inhaltsstoffen verzichtet wird.

Inhalt

Freude an lebendiger Vielfalt

Vier Institutionen, ein gemeinsames Ziel: Biodiversität fördern. Dafür setzen wir uns seit vielen Jahren in unseren Wirkungsbereichen ein. Insektenfreundliches und naturnahes Gärtnern ist besonders auf öffentlichen und gewerblichen Flächen aufgrund ihrer Größe und des Vorbildcharakters von besonderer Bedeutung. Um nachhaltig gegen den Verlust der biologischen Vielfalt aktiv zu werden und langfristig Freude an naturnahen Flächen zu haben, ist es jedoch wichtig, die entsprechenden Kenntnisse zu besitzen. Wie schade ist es, wenn die schöne Blumenwiese durch unpassendes Saatgut oder falsche Pflege nach wenigen Jahren keine Blüten mehr trägt, auf dem Fahrbahnteiler statt bunter Wildpflanzen vor allem Melde und Ampfer wachsen oder die Trockenmauer durch schlechte Bautechnik zusammenbricht. Besonders die Pflanzenauswahl ist zudem ein entscheidender Faktor für die Insektenfreundlichkeit der naturnahen Bepflanzung.

Damit im Siedlungsraum zukünftig immer mehr naturnahe Bereiche entstehen, welche die biologische Vielfalt nachhaltig fördern und schützen, geben wir mit vereinten Kompetenzen gemeinsam dieses Buch heraus. Durch fachgerechte und gebündelte Anleitungen, von der Planung bis zur Pflege von naturnahen Flächen, unterstützt es Sie direkt bei der praktischen Umsetzung.

Gärtnerinnen und Gärtner, in Betrieben und Kommunen Beschäftigte und Interessierte finden in diesem Handbuch Informationen über blühende Säume, Blumenwiesen, Sickermulden oder Fassadenbegrünungen und Trockenmauern, Lebensraumholz und weitere naturnahe Elemente. Anschaulich und praxisnah wird für alle wichtigen Flächen die Bodenvorbereitung, Bautechnik und Pflege beschrieben. Pflanzenlisten, passend zu den jeweiligen Lebensräumen, und Textbeispiele als Hilfestellung für die Formulierung von Leistungsverzeichnis-Texten zur Anlage und Pflege helfen bei der direkten Umsetzung. Somit kann dieses Handbuch schnell ein ständiger Begleiter auf der Baustelle werden.

Heinz Sielmann Stiftung — NaturGarten e. V. — Naturpark Our — Umweltzentrum Hannover e. V.

Öffentliche und gewerbliche Flächen voller Leben

Koevolution als Grundprinzip der biodiversitätsfördernden Grünflächengestaltung

Natur macht gesund und glücklich, das zeigen viele Studien, die sich damit beschäftigen, wie Menschen Natur erleben und was sie ihnen bedeutet. Aber: Die Erde erlebt gerade ein Massenaussterben, das schneller abläuft und mehr Arten erfasst als das letzte Aussterbeereignis vor 65 Millionen Jahren, das die Dinosaurier verschwinden ließ. Gerade deshalb möchten viele etwas tun. Die gute Nachricht ist: Für jede noch so kleine Fläche auf unserem Planeten können diejenigen, die über diese eine Fläche Verfügungsgewalt haben, sich dafür entscheiden, hier die biologische Vielfalt zu fördern (oder weniger zu schädigen). Das gilt wirklich für alle Flächen, nicht nur in Wald und Feld und auf Grünflächen, sondern auch dort, wo das erst einmal abstrus erscheinen mag, wie auf Dächern, Wegen und Plätzen, an Wänden, Treppen und Mauern. Wie das genau geht, zeigt dieses Buch.

Aber warum werden wir mit den hier vorgestellten Möglichkeiten die biologische Vielfalt fördern, wodurch zeichnen sich Flächen aus, die die biologische Vielfalt verbessern? Im Grunde kann die Antwort in einem einzigen Begriff zusammengefasst werden: Koevolution, die gemeinsame Geschichte der Arten und des Ortes, an dem sie stattfand. Und das ist eine sehr, sehr lange Geschichte, denn Pflanzen- und Tierarten entstehen ja nicht von heute auf morgen, auch nicht in historischen Zeiträumen, sondern zumeist über Jahrmillionen. So braucht eine Pflanzenart durchschnittlich zehn Millionen Jahre, um zu entstehen. Die meisten Schmetterlingsarten bei uns sind in den letzten zwanzig Millionen Jahren entstanden, einige sind noch viel älter.

◂ Margeriten auf der Blumenwiese oder blühender Liguster am Gehölzrand ziehen Schmetterlinge wie den Kleinen Fuchs (Bild oben) und den Kaisermantel (Bild unten) magisch an.

Insekten sind auf standortheimische Pflanzen in ihrem natürlichen Lebensraum angewiesen.

Wir können deshalb nicht erwarten, dass sich die Natur an die Welt, die wir Menschen so rasant ändern, so eben mal schnell anpassen kann. Viele Arten kommen einfach nicht mehr mit und verschwinden. Wenn wir dagegen etwas tun wollen, müssen wir der Artenvielfalt das bieten, an das sie sich im Laufe der Koevolution angepasst hat: die ökologischen Bedingungen und Partner in den Lebensräumen, in der sie entstand. Ein Schmetterling, der seine Futterpflanze nicht mehr findet, auf die seine Art spezialisiert ist, wird keine Nachkommen haben, genauso wie die Art verschwinden kann, wenn es die Nahrungspflanze zwar noch gibt, sie aber zu stark gedüngt wurde oder Pflanzen aufgrund starken Nährstoffangebots zu dicht stehen, wenn also die Lebensräume durch Überdüngung verändert werden.

Wir können Tiere pflanzen

Viele Tiere brauchen bestimmte Pflanzen, weil sich Pflanzen und Tiere im Laufe der Koevolution aneinander angepasst haben. Die Hälfte aller Insektenarten (in Deutschland allein schon 33 300) ernähren sich von lebenden Pflanzen und von diesen pflanzenfressenden Insektenarten sind mindestens 80 Prozent (manche Studien sprechen auch von 90 Prozent) auf bestimmte Pflanzen spezialisiert. Aber auch die andere Hälfte der Insekten ist zum großen Teil spezialisiert, nämlich auf bestimmte Tier- oder Pilzarten oder die abgestorbenen Teile bestimmter Arten. Mit den Pflanzen starten die Nahrungsketten, die Pflanzen fangen das Sonnenlicht ein und machen es über ihr Gewebe der lebendigen Natur als Lebensgrundlage verfügbar, Pflanzen speisen die Energie der Sonne in die Nahrungsnetze ein. Aufgrund der Spezialisierung vieler pflanzenfressender Tierarten können nur die Pflanzen, an die sich die Tiere angepasst haben, diese Aufgabe gut erfüllen. Das sind die Pflanzenarten, die mit den Tieren in Koevolution entstanden sind, die mit ihnen seit langer Zeit an einem Ort vorkommen. Wir nennen diese Pflanzen »einheimische Pflanzenarten«. Wo Pflanzenarten verschwinden, verlieren wir mit jeder Pflanzenart auch die an sie angepassten Tierarten. Kein Wunder, dass Biologen beobachten, dass bei uns die nicht spezialisierten Tierarten, sie werden »Generalisten« genannt, prozentual zunehmen und die Spezialisten verschwinden. Aber nicht nur die spezialisierten Arten gehen verloren, es gibt auch insgesamt weniger Insekten, die »Biomasse«, also das Gewicht aller Insekten in einem Lebensraum, schrumpft in großer Geschwindigkeit.

> ***Kurz erklärt: Biodiversität***
>
> Biologische Vielfalt (Biodiversität) ist mehr als Artenvielfalt, sie bezeichnet:
>
> - die Vielfalt der Arten,
> - die genetische Vielfalt innerhalb einer Art,
> - die Vielfalt der Lebensräume,
> - die Vielfalt der Beziehungen der Arten untereinander und zu ihren Lebensräumen.
>
> Kurz gesagt, die Vielfalt der lebendigen Natur.

So wird der erste Schritt zu mehr biologischer Vielfalt auf Grünflächen klar: Wir verwenden echte einheimische Wildpflanzen, also Wildpflanzen, die sich nicht von einer in der Natur der Umgebung vorkommenden Wildpflanze unterscheiden. Sorten und Auslesen oder auch Wildpflanzen, die schon länger in Gärtnereien vermehrt wurden, verarmen genetisch und bieten den Tieren nicht mehr alle notwendigen Eigenschaften. Wenn ich eine Glockenblume in einer Gärtnerei über Stecklinge vermehre, dann sind hinterher alle Pflanzen gleich: Sie sehen gleich aus und blühen alle zur selben Zeit. Die genetisch verschiedenen wilden Originale blühen zu verschiedenen Zeiten, haben manchmal sogar verschiedene Blütenfarben, manche sind eher klein, andere sind groß. Sie bieten der Tierwelt alle Eigenschaften, an die die Tiere angepasst sind, und nicht nur einen Ausschnitt. Am besten kommen die direkten Vorfahren der Pflanzen und Samen, die wir verwenden, in der unmittelbaren Umgebung vor, solche Pflanzen werden »standortheimisch« genannt.

Wenn wir die Tiere dann mit vielen einheimischen Pflanzen auf unsere Flächen gelockt haben, wollen wir sie am liebsten nicht nur als Übernachtungsgast, sondern als ständige Bewohner haben. Wir möchten wirklich etwas gegen den Verlust an biologischer Vielfalt tun, wir wollen, dass sich die Tiere bei uns auch vermehren können. Damit »ernten« wir die Tiere im übertragenen Sinne. Das wird uns nicht bei allen Arten gelingen, aber manchen Pflanzen und Tieren können wir auch im besiedelten Raum all das bieten, was sie brauchen. Und das sind meist Lebensraumqualitäten, die denen in der Natur ähneln. Es macht also Sinn, nicht nur einheimische Pflanzen zu verwenden, sondern auch dafür zu sorgen, dass der Standort dem natürlichen weitgehend entspricht. Für Pflanzen, die in der Natur auf mageren Standorten wachsen, werden die Standorte abgemagert. Dadurch haben wir nicht nur weniger Arbeit bei der Pflege. Es ist auch wahrscheinlicher, dass die Tiere, die wir angelockt haben, einen Standort finden, der ihren Ansprüchen, die im Laufe der Koevolution entstanden sind, entspricht. Dazu gehören auch Biotopelemente, wie zum Beispiel Baumstümpfe, Totholz (besser: Lebensraumholz) oder Hohlräume zwischen Steinen.

Von den Auerochsen lernen: naturnahe Pflege fördert die Biodiversität

Wenn wir nichts tun, würde sich ein Großteil der Flächen in unserem Land zu Wald entwickeln. Dieser »Sukzession« genannte Prozess führt dazu, dass viele seltene offene und halboffene Lebensräume verschwinden. Wir müssen Wiesen also mähen, Hecken auf den Stock setzen oder knicken, offenen Boden schaffen. Ja, machen wir da denn nicht wieder alles kaputt? Nein, denn die Landschaften, wo natürliche Störungen wie Überschwemmungen, Feuer und sich wälzende und weidende Tiere die Entwicklung zum Laubmischwald immer wieder zurücksetzen, sind besonders artenreich. Wir haben diese Störungen aber aus unserer Landschaft verbannt und nur deshalb entstehen Laubmischwälder, wenn wir nichts mehr tun.

Biodiversitätsfördernde Pflege schaut sich bei Überschwemmungen und Erdrutschen, aber auch bei Wildpferden, Auerochsen und anderen großen Pflanzenfressern ab, an welche Störungen sich unsere Pflanzen und Tiere während der Evolution angepasst haben: Eine Mahd, die nicht alle Flächen auf einmal abmäht und an den stacheligen Gehölzen Säume stehen lässt, entspricht der natürlichen Beweidung, offene Bodenstellen den Sandbadestellen, Aufasten von Großsträuchern zu Kleinbäumen der Formgebung durch große Pflanzenfresser, wie wir sie auf extensiven Weiden beobachten. Die durch das Abweiden verzögerte Blüte der Wildstauden wird durch den Remontierschnitt, den Rückschnitt von Stauden kurz vor oder in der ersten Blüte, imitiert. Die Wildstauden treiben dann wieder aus und blühen später im Jahr. Große Maschinen, wie Mulchmäher und Laubsauger, finden keine Entsprechung bei den natürlichen »Störern«, sie wirken deshalb als Zerstörer und wir vermeiden sie tunlichst.

Die Natur hat einen langsamen Pulsschlag: invasive Neophyten vermeiden

Die lange gemeinsame Entwicklung von einheimischen Pflanzen und Tieren führt dazu, dass diese sich aneinander angepasst haben und nun zusammen passen wie Schlüssel und Schloss. Diese Koevolution braucht viel Zeit. Bis eine neue Pflanzenart entstanden ist, vergehen häufig Millionen Jahre. Zum Vergleich: Das Eiszeitalter, also der Wechsel von Kalt- und Warmzeiten, begann vor zwei Millionen Jahren. Die älteste Schmetterlingsart Mitteleuropas, der Schlüsselblumen-Würfelfalter, entstand vor 95 Millionen Jahren, bevor die Dinosaurier im letzten Artensterben von der Erde verschwanden.

Die über lange Zeiten entstandenen Anpassungen von Pflanzen und Tieren sind vielfältig und sehr fein. Ein besonders wichtiger Aspekt sind die Abwehrstoffe, mit denen Pflanzen ihr Gewebe für Pflanzenfresser unbekömmlich machen, und die Koevolution von Entgiftungssystemen auf der Seite der Pflanzenfresser gegen genau diese Abwehrstoffe. Dies ist einer der wichtigsten Gründe, warum vor allem die pflanzenfressenden Insekten – und das sind mehr als die Hälfte aller Insektenarten – auf bestimmte Nahrungspflanzen spezialisiert sind. Aber auch der Rest der Insektenarten ist beileibe nicht unspezialisiert, viele sind wiederum von dem Vorhandensein bestimmter pflanzenfressender Insekten abhängig. So entstanden feinmaschige Nahrungsnetze, die jede Pflanzen- und Tierart in ihrer »ökologischen Nische« halten.

Exotische Pflanzenarten, die nicht diese lange Koevolution mit unserer Tierwelt hatten, weil sie ursprünglich anderswo wuchsen, bieten deshalb viel weniger Insektenarten Nahrung. Gerade der geringe ökologische Wert der nicht einheimischen Arten führt dazu, dass sie gärtnerisch attraktive Eigenschaften haben: Sie werden von nur wenigen Tierarten angeknabbert und wachsen oft vitaler als in ihrer Heimat. Das heißt aber auch: Sie sind nur locker in die Nahrungsnetze eingebunden und können auch mal leicht entwischen. Wenn sich Pflanzenarten auch außerhalb der Gärten dauerhaft vermehren, werden sie Neophyten genannt. Einige wenige dieser neophytischen Arten profitieren so sehr von der neuen Freiheit, dass sie alle anderen Pflanzenarten verdrängen und damit natürlich auch alle Tierarten, die von den verdrängten einheimischen Pflanzenarten hätten leben können. Solche Arten schädigen die biologische Vielfalt, sie werden dann als »invasive Neophyten« bezeichnet. Einige Faktoren begünstigen die Invasivität, das sind zum Beispiel die Herkunft – Arten aus Nordamerika werden eher invasiv als solche aus Asien – und die Menge, in der eine Art zuvor in Gärten und Parks gepflanzt wurde. Vor diesem Hintergrund ist die massenhafte Anpflanzung von Präriepflanzen, die ja gelegentlich auch für landwirtschaftliche Flächen empfohlen wird, sehr kritisch zu sehen.

Es macht keinen Sinn, auf Flächen, die die Biodiversität fördern sollen, Arten anzusiedeln, die ihr schaden. Das klingt erst mal einfach. Aber invasive Neophyten kommen oft ohne unser Zutun. Es gehört ja gerade zu ihren Eigenschaften, sich auch ohne gärtnerische Hilfe auszubreiten. Leider tauchen invasive Neophyten auf naturnahen Flächen besonders häufig auf. Denn hier werden die Samenbildung und damit die spontane Veränderung der Artenzusammensetzung nicht nur geduldet, sondern sogar begrüßt und gefördert. Wenn nun die biodiversitätsschädigenden Eigenschaften von Kanadischer Goldrute, Drüsigem Springkraut, Götterbaum & Co. nicht bekannt sind oder wenn die Arten nicht erkannt werden, dann können naturnahe Flächen zu Quellpopulationen invasiver Neophyten werden. Dies ist vor allem am Siedlungsrand ein großes Problem, zum Beispiel auf gewerblichen Flächen, an Gewässern oder auf landschaftsnahen Erholungsflächen. Naturnahe Flächen brauchen deshalb eine Pflegeberatung, die nicht nur gestalterisch die Entwicklung der Pflanzungen und Einsaaten begleitet, sondern auch invasive Neophyten erkennen und erfolgreiche Gegenmaßnahmen anleiten kann.

◂ Dürfen die Samenstände der Wilden Karde stehen bleiben, freut sich der Stieglitz über Samen als begehrtes Futter. In den Stängeln überwintern Insektenlarven (Bild oben). Offene Bodenflächen und Lebensraumholz sind wichtige Elemente, um die Biodiversität zu fördern (Bild unten).

Die gelben Fackeln der Königskerzen und ihre markanten Rosetten sind echte Hingucker: in kurzlebigen Säumen (Bilder oben rechts und unten) oder als dauerhafte Staude (Schwarze Königskerze) im Wildstaudenbeet (Bild o. l.).

Besonderheiten naturnaher Vegetationstechnik

Schlechte Böden gibt es nicht

Auf Böden, die gut mit Nährstoffen, Feuchtigkeit und Bodenluft versorgt sind, die nicht zu sauer und nicht zu basisch sind, wachsen eigentlich alle Pflanzen gut. Diese Böden bringen deshalb guten Ertrag. Ein Teil des Landnutzungswandels besteht ja gerade darin, dass bewirtschaftete Böden verbessert werden, damit ein »guter Boden« entsteht: Zu nasse Böden werden entwässert, zu saure aufgekalkt, zu trockene werden bewässert, zu magere gut gedüngt. Damit geht die Vielfalt der Böden und der Lebensräume, die früher unsere Landschaften prägten, verloren: Raps und Mais allüberall.

Ein »schlechter Boden« ist ein Boden, der bei landwirtschaftlicher Nutzung wenig Ertrag bringt oder dem nur mit viel Mühe ein Ertrag abgerungen werden kann. In der Natur findet sich auf jedem Boden eine charakteristische Vegetation, weil die spezifischen, daran angepassten Pflanzen hier besonders konkurrenzstark sind. Bei naturnahen Gestaltungen gibt es deshalb keine »schlechten Böden«. Ertragsarme Böden fördern geradezu die biologische Vielfalt, denn sie machen Vielfalt in den Lebensraumeigenschaften möglich. Die jeweiligen Stressfaktoren wie Nässe, hoher Kalk- oder Säuregehalt, Schatten oder Trockenheit werden dann zu Pflegehelfern, denn sie sorgen ja dafür, dass die erwünschten Wildpflanzen einen Konkurrenzvorteil haben.

Naturnahe Pflanzplanungen arbeiten mit dem Standort und nicht gegen ihn. Manchmal ist es sinnvoll, vorhandene, aber durch die Nutzungsgeschichte verborgene Standorteigenschaften wieder zu verstärken, also staunasse Bereiche etwas zu vertiefen und nachzuverdichten oder Humusauflagen auf ursprünglich nährstoffarmen Sandböden zu entfernen. Nur wenn wir die Pflanzen auf Standorten ansiedeln, die den natürlichen möglichst weit entsprechen, können wir das Ziel, die biologische Vielfalt zu fördern, erreichen. Denn während fast alle Wildpflanzen auch auf einem »guten Boden« gedeihen, brauchen die Tiere der verschiedenen Lebensräume nicht nur die Pflanzen, an die sie angepasst sind, sondern auch die speziellen Lebensraumeigenschaften, die die Böden bedingen. Insekten der Sandheiden sind zum Beispiel auf lückige Pflanzenbestände und ein trockenwarmes Kleinklima, wie es nur auf Sandböden entstehen kann, angewiesen.

Wenn es überhaupt einen Boden gibt, der ungünstig für naturnahe Gestaltungen ist, dann ist es der »gute Mutterboden«, ein gut gedüngter Acker- oder Gartenboden, denn hier dominieren meist wenige konkurrenzstarke Arten. Außerdem haben Pflanzen, die gemeinhin als »Unkräuter« bezeichnet werden, hier gute Chancen, denn sie sind an nährstoffreiche gestörte Standorte angepasst. Ursprünglich waren das Fluss- oder Meeresufer oder auch Stellen mit vielen Tierexkrementen. Jetzt finden diese Pflanzen auf Äckern und in Gärten einen von uns Menschen immer wieder perfekt bereiteten Lebensraum. Dazu gehören Acker-Kratzdistel, Acker-Winde, Melde oder auch Gänsedistel. »Guter Boden« macht deshalb immer Arbeit, viel Arbeit. Bei naturnahen Anlagen wird darum kein Mutterboden (im südlichen deutschsprachigen Bereich »Humus« genannt) aufgebracht.

Steinreich werden

Wenn nicht auf und mit einem historisch gewachsenen Boden gearbeitet werden kann, werden als Vegetationstragschicht auf den Untergrund regionaltypische Substrate aus Schotter, Sand oder Kies aufgebracht. Damit schaffen wir dann die Lebensräume, die aufgrund der »Verbesserung« der Böden aus unseren Landschaften fast verschwunden sind, nämlich die Mager- und Trockenstandorte. Diese entfalten sich mit ihrem ganzen Reichtum spezialisierter Pflanzen und Tiere besonders auf voll besonnten, warmen Standorten. So entstehen mit wenig Arbeit tolle Pflanzbilder und wertvolle Lebensräume. Um als Vegetationstragschicht dienen zu können, müssen Kies oder Schotter auch ganz feine Bestandteile, den sogenannten Null-Anteil, enthalten (siehe Seite 68) und in einer Schichtdicke von mindestens 30 cm aufgetragen werden. Oberflächlich wird als Saatbett etwas gütegesicherter Grünkompost (5 – 30 l/m^2) eingeharkt, und dann kann gesät oder gepflanzt werden. Für Schattenstandorte wird die Vegetationstragschicht nährstoffreicher angelegt, indem zum Beispiel Unterboden, gütegesicherter Grünkompost und Sand im Verhältnis 1:1:1 gemischt werden.

Kurz erklärt: gütegesicherter Grünkompost

Gütegesicherter Kompost wird aus Schnittgut hergestellt und das Kompostwerk stellt sicher, dass während der Rotte 60 °C erreicht werden. Dadurch werden enthaltene Samen und Krankheitserreger abgetötet. Schadstoffe werden kontrolliert und sind nicht enthalten. Gute Komposte sind für den Bioanbau zugelassen.

Magere Trockenstandorte eignen sich besonders gut für pflegearme Grünflächen im öffentlichen Raum.

Mit Gehölzen einen Rahmen schaffen

Viele Umgestaltungen, gerade im öffentlichen Grün, finden auf Flächen statt, wo Einfassungen und erschließende Wege genauso vorhanden sind wie Bäume und Sträucher. Alte Bäume und Sträucher sind wertvoll und sollten, wo es geht, erhalten werden, selbst wenn es sich um exotische (aber wichtig: nicht invasive) Arten handelt: Sie werfen Schatten, ihre vielen Blätter kühlen besonders effektiv und sie schaffen Rückzugsräume für Vögel und andere Kleintiere. Neupflanzungen bieten erst nach vielen Jahren die Lebensraumqualitäten alter Bäume und Strauchhecken. Bei naturnahen Umgestaltungen werden deshalb oft nur Rasen- oder Bodendeckerflächen in artenreiche Blumenwiesen, Blumenrasen oder Säume umgewandelt.

Bei Neuanlagen ergibt sich dann aber die Chance, die ökologisch besonders wertvollen einheimischen Arten für die Gliederung und Raumbildung einer Grünfläche zu verwenden. Es gibt genügend mitteleuropäische Gehölzarten, die an trockenheiße Standorte angepasst sind, diese Arten sind in Erwartung einer weiteren Klimaerwärmung zu bevorzugen.

Echte einheimische Wildarten standortheimischer Herkunft werden in der Regel von Forstbaumschulen in recht kleinen Größen angeboten. Sie sollten so weit möglich verwendet werden, nämlich dann, wenn auf große Pflanzgrößen verzichtet werden kann. Die Raumbildung einer Strauchhecke kann in den ersten Jahren durch einen auf der Pflanzfläche eingesäten hohen Saum übernommen werden. Wenn die gewünschte Baumart nur in einer kleinen Größe eingebracht werden kann oder soll, dann kann sie zusammen mit einer »Amme«, die größer lieferbar ist, gepflanzt werden. Ist die Zielart ausreichend groß geworden, wird die Ammenart, beispielsweise eine Eberesche, entfernt. Ein weiterer Vorteil des Pflanzens kleiner Größen besteht darin, dass diese Pflanzen eher das arteigene Wurzelsystem ausbilden. Bei Ballenware entstehen oft keine Pfahlwurzeln mehr, was die Widerstandsfähigkeit von Bäumen in der Klimakrise beeinträchtigt.

Gehölze brauchen genauso wie Einsaaten oder Beetpflanzungen einen gut vorbereiteten, lockeren Boden, der frei von Wurzelunkräutern ist (siehe Seite 44). Bäume haben nur dann realistische Entwicklungschancen, wenn ihnen ein ausreichendes Volumen an durchwurzelbarem Raum zur Verfügung steht, und zwar in einer Tiefe von 1,5 m. Die oft angegebene Untergrenze von 12 m^3 ist sehr knapp bemessen und sollte besser 16 m^3 oder größer sein. Auf Grünflächen ist das kein Problem, auf versiegelten Plätzen und im Verkehrsbegleitgrün muss der Wurzelraum gegebenenfalls auch unter der Oberflächenbefestigung geschaffen werden. Mineralische Baumsubstrate entsprechend der Empfehlungen der Forschungsgesellschaft Landschaftsentwicklung Landschaftsbau e.V. für Baumpflanzungen haben sich bewährt.

Gehölze in kleinen Größen werden wurzelnackt gepflanzt (siehe Seite 44). Damit sie sich zügig entwickeln, dürfen sie nicht in eine Grasnarbe gepflanzt werden. Für Heckenpflanzungen sollte der von Bewuchs befreite Streifen mindestens 2 m breit sein, bei mehrreihigen Hecken und Pflanzungen von hoch werdenden Arten auch wesentlich breiter. Der Boden wird nicht mit Rindenmulch abgedeckt, sondern mit einer Saumeinsaat (ohne Gräser) eingesät. So entsteht ein Staudensaum, der für die Tiere, die eine Hecke bewohnen, oft unerlässlich ist. Außerdem wird die Raumbildung der Gehölzpflanzung durch die hohen Stauden schon im zweiten Jahr vorweggenommen. Die Gehölze selber sind in dem Saum zu Beginn nicht leicht zu entdecken. Sie werden mit Pflöcken markiert, damit sie im Rahmen von Pflegearbeiten nicht geschädigt werden. Bei der Pflege darf nicht mit Freischneidern gearbeitet werden. Die krautigen Pflanzen um die Gehölze werden ein- oder zweimal im Jahr niedergetreten oder herausgezogen und bleiben als Mulch liegen. Für einheimische Wildgehölze muss der Boden nicht verändert bzw. verbessert werden, es gibt für jeden Standort angepasste Arten. Der Anwuchserfolg von standortheimischen Herkünften auf Rohböden ist sogar besonders gut.

Die großen Gehölze beeinflussen und schaffen die Standorteigenschaften für die kleineren krautigen Pflanzen und Zwerggehölze. Bei Planung und Anlage dieser untergeordneten Flächen werden am besten diese Einflüsse schon miteinbezogen.

Säen oder Pflanzen, das ist hier die Frage

Normalerweise werden Gehölze und Stauden gepflanzt, während Rasen und Wiesen eingesät werden. Alle Flächen, die durch Pflanzung angelegt werden, sind gut plan- und steuerbar, die Pflanzung eignet sich deshalb besonders gut für die Raumbildung durch Gehölze und für gestalterisch anspruchsvolle Flächen (siehe Seite 37). Da die dynamische Entwicklung der Flächen ein Ziel der naturnahen Gestaltung ist – denn moderat dynamische Flächen haben eine besonders hohe biologische Vielfalt –, gibt es im naturnahen Gartenbau diese starre Trennung nicht. Um möglichst bald in Wiesen- und Raseneinsaaten die erwünschten Blühaspekte bieten zu können, bringen wir einzelne Arten als Initialpflanzung ein, Gehölzpflanzungen werden mit Saumeinsaaten kombiniert

Leuchtender Klatsch-Mohn ziert hier zunächst die Pflanzfläche. Später werden die gepflanzten Wildstauden ihre volle Blütenpracht entfalten.

Zum Pflanzen gehört das Säen

Bei der Kombination von Aussaat und Pflanzung fördern wir die Akzeptanz der Flächen durch einen schnellen Blütenaspekt, aber auch die biologische Vielfalt und die Resilienz der Flächen.

- Initialpflanzung von 1 – 3 Stück/m^2 bei Ansaaten
- Zwischensaat von kurzlebigen Arten in Wildstaudenpflanzungen
- Untersaat von Saummischungen in Gehölzpflanzungen

und auch in Staudenpflanzungen können zu Beginn Zwischensaaten aus Ackerwildkräutern bunte Blühaspekte bilden, solange die Stauden sich noch einwurzeln. Wenn die finanziellen Ressourcen knapp bemessen sind, können in Blumenbeeten weniger Exemplare pro Fläche gepflanzt werden und dafür auch ausdauernde, zum Beispiel bodendeckende, Arten gesät werden. Bei Einsaaten, zum Beispiel von Säumen oder von Blumenbeeten, können durch kundige Pflege wunderschöne Pflanzenbilder gestaltet werden.

FABEMA

Hilfe beim Eingewöhnen: Pflanzen in mineralische Vegetationstragschichten

Pflanzen im Topf haben es gut, sie sind gut mit Nährstoffen und Wasser versorgt. Deshalb brauchen selbst Hungerkünstler ein bisschen Hilfe bei der Eingewöhnung, wenn sie aus der Gärtnerei kommen und in magere und trockene Vegetationstragschichten gepflanzt werden. In jedes Pflanzloch geben wir ein bis drei Handvoll Kompost oder beikrautfreie lehmreiche Erde unterhalb des Wurzelballens (nicht seitlich, um eine rasche Tiefenverwurzelung und damit Trockenheitsresistenz zu fördern). Die oberste Substratschicht im Topf mit den darin enthaltenen unbekannten Samen und Sämlingen wird abgestreift, unten ins Pflanzloch gegeben oder in einem Gefäß gesammelt und außerhalb(!) der Fläche entsorgt. Da sich Kies oder Schotter immer noch etwas setzen und die Ballen der Pflanzen sich nicht mitsetzen, sondern »aufschwimmen«, müssen die Pflanzen tief genug eingepflanzt werden. Die Oberfläche des Ballens sollte ungefähr 1 cm unter dem Niveau der Pflanzfläche zu liegen kommen. Dann wird gründlich angegossen und noch einmal kontrolliert, ob der Ballen tief genug sitzt. Wenn das nicht der Fall ist, muss die Pflanze herausgenommen und tiefer gepflanzt werden.

Gute Bodenvorbereitung für erfolgreiche Einsaaten

Einsaaten sind nur Erfolg versprechend, wenn der Boden annähernd beikrautfrei ist. Saatgut, das auf vorhandene Rasennarben ausgestreut wird, hat keine Entwicklungschancen. Jede Einsaat braucht einen gut vorbereiteten, lockeren Boden. Mineralische Vegetationstragschichten haben den großen Vorteil, dass sie keine Samen oder Wurzeln von unerwünschten Beikräutern enthalten. Sie können ohne weitere Bodenbearbeitung gleich eingesät werden (siehe dazu Seite 29).

Wenn ein vorhandener Boden naturnah begrünt werden soll, dann ist es wichtig, dass auch hier unerwünschte Pflanzen so weit wie möglich zurückgedrängt werden. Denn mehrjährige Wildpflanzen keimen langsam und zeitversetzt. Damit sich Einsaaten mit Gräsern, also Blumenwiesen, Blumenkräuterrasen und Säume mit Gräsern, blütenreich entwickeln, ist es vor allem wichtig, dass Wildsamenmischungen mit Grasanteil nur echte Wildgräser enthalten.

◄ Bepflanzung (Bild oben) und Einsaat (Bild unten) eines mageren Trockenstandorts

Wildgräser sind nicht so konkurrenzstark wie die Zuchtsorten der Gräser, sie laufen auch langsam und zeitversetzt auf. Auch unter den Wildstauden gibt es nur wenige Schnellstarter. Eine gelungene Wildpflanzeneinsaat zeigt, verglichen mit der Einsaat einer konventionellen Rasenmischung, in den ersten Monaten, vielleicht sogar im ersten Jahr, ein lückiges Erscheinungsbild. Dies ist ein Qualitätsmerkmal, kein Qualitätsmangel!

Wenn eine Wildpflanzeneinsaat sich schnell und dicht begrünt, dann sind hier zumeist nicht die eingesäten Arten zu sehen, sondern Keimlinge der im vorhandenen Boden enthaltenen Samen von einjährigen Beikräutern wie Melde oder Gänsedistel. Diese Pflanzen können zu Beginn sogar von Vorteil sein, da sie die Einsaat etwas beschatten. Wenn sie belassen werden und dicht und hoch wachsen, gefährden sie aber den Erfolg der Einsaat.

Grundlagen einer erfolgreichen Einsaat sind:

- zertifiziertes Qualitätssaatgut echter einheimischer Wildpflanzen,
- standortgerechte Pflanzenverwendung,
- mineralische Vegetationstragschichten (siehe Seite 27) oder bei der Einsaat auf vorhandenem Boden eine gute Bodenvorbereitung,
- Schröpfschnitt bei Auflaufen von einjährigen Beikräutern (siehe Seite 31). Bei Einsaaten von Blumenwiesen oder Blumenkräuterrasen ist der Schröpfschnitt immer notwendig.

Eine gute Bodenvorbereitung entfernt den vorhandenen Bewuchs möglichst komplett, zum Beispiel durch Abschälen mit einem Sodenschneider. Vor allem bei größeren Flächen ist es ressourcenschonender, die Beikräuter, die aus Speicherwurzeln und Samen auflaufen, durch eine sorgfältige Bodenbearbeitung zu reduzieren. Je nach Größe der Fläche und vorhandenem Boden wird das von Hand, mit Fräse, Kreiselegge, Grubber oder auch als klassische Schwarzbrache mit Pflug und Grubber erreicht. Kreiseleggen haben den Vorteil, dass sie das organische Material oberflächlich ablegen, dann kann es einfach abgeharkt werden. Der zeitliche Abstand zwischen den Arbeitsgängen sollte lang genug sein, sodass die Dauerformen wieder austreiben können, das sind in der Regel zwei bis vier Wochen. Es ist empfehlenswert, nur bei trockenem Wetter zu arbeiten, damit die gestörten Beikräuter möglichst vertrocknen. Wenn die Ressourcen für mehrere Arbeitsgänge nicht ausreichen, dann kann auch ein einmaliges heftiges Stören der vorhandenen Vegetation, beispielsweise durch gründliches Fräsen oder Grubbern, versucht werden. Bis zur Aussaat sollte sich der Boden dann noch einmal zwei Wochen setzen können, damit der kapillare Aufstieg des Wassers wieder möglich ist.

Jetzt wird gesät

Zur Aussaat wird dann zuerst ganz flach (maximal 5 cm tief) ein feinkrümeliges Saatbett bereitet: bei kleinen Flächen mit der Harke, bei größeren mit Kreiselegge oder Fräse. Auf den gut vorbereiteten Boden wird dann gesät, bei größeren Flächen mit einer pneumatischen Sämaschine, am besten in einer Kombination mit einer Walze, die das Saatgut gleich andrückt.

Da Wildpflanzensamen sehr fein sind, sollte der Samen mit einem Saathelfer wie zum Beispiel Vermiculite vermischt werden. Für die Aussaat von Hand hat sich feuchter Sand (Körnung 0/2) bewährt.

Das mit dem Saathelfer vermischte Saatgut wird in zwei Hälften geteilt. Mit jeder der beiden Teilmengen wird die gesamte Fläche eingesät. Dabei ist es sinnvoll, beim zweiten Arbeitsgang rechtwinklig zum ersten Arbeitsgang zu arbeiten, also »kreuzweise«. Das Saatgut darf nicht eingearbeitet werden, denn die meisten Wildpflanzen sind Lichtkeimer. Es ist aber wichtig, auch bei der Handsaat, die Samen gut anzudrücken, zum Beispiel mit einer Rasenwalze, und so für einen guten Bodenanschluss zu sorgen.

> ***Kurz erklärt: Vermiculite***
> Durch Erhitzen geblähtes Tonmineral (Vermiculit), das sich als Saathelfer bewährt hat und als solcher in der Körnung 1/2 angeboten wird.

Wildpflanzensaatgut ist sehr widerstandsfähig und kann ohne Probleme länger liegen, es keimt auch ohne Wässern. Auf das Wässern zu verzichten, hat sogar Vorteile: Bei Einsaaten, die feucht gehalten werden, entwickeln sich die Gräser besonders gut, ein Effekt, der nicht immer erwünscht ist. Andererseits kann es vorkommen, dass in trockenen Jahren erst mal fast keine Keimlinge zu sehen sind. Deshalb ist das Wässern dann zu empfehlen, wenn ein schneller Erfolg erwünscht ist und eine begleitende Öffentlichkeitsarbeit oder Beratung über den Grund des verzögerten Auflaufens nicht möglich ist. Auch bei starkem Beikrautdruck ist das Feuchthalten der Einsaat vorteilhaft. Aber Vorsicht: Nicht zu stark wässern, damit das oberflächlich aufliegende Saatgut nicht abgeschwemmt wird. Einsaaten unter Bäumen müssen im ersten Jahr nach dem Auflaufen und bei hohem Wurzeldruck auch noch in den Folgejahren gewässert werden.

Mahdgut von artenreichen Wiesen kann verwendet werden, um Samen auf andere Flächen zu übertragen und dort die biologische Vielfalt zu erhöhen.

In heißen Sommern kann eine dünne Mulchschicht aus samenfreiem Grasschnitt (circa 2 kg/m²), etwas Stroh oder Heu (circa 300 g/m²) das Aufgehen der Saat erleichtern. Allerdings darf dieses Material keine problematischen Unkrautsamen enthalten. Günstig für die Aussaat, aber auch für Pflanzungen sind das Frühjahr (zur Zeit der Löwenzahnblüte) und der Herbst nach der großen Sommerhitze, das ist zumeist die Zeit zwischen Mitte August und Mitte Mai. In diesen Zeiten ist der Boden ausreichend feucht und oft auch noch genügend warm. In Zeiten der Klimakrise werden Herbstsaaten immer mehr Vorteile bekommen, da dann der Winterregen die Flächen bewässert.

Die hier vorgestellte Einsaat mit Saatgut von echten einheimischen Wildpflanzen möglichst standortheimischer Herkunft wird auf öffentlichen und gewerblichen Flächen die Regel sein. Es gibt eine Alternative, die in seltenen Fällen umsetzbar ist und die noch besser die biologische Vielfalt fördert: eine Übertragung von Mahdgut oder das Ausstreuen von Heudrusch nach der Engelhardt-Methode.

Bei der Mahdgutübertragung wird das Schnittgut von artenreichen Wiesen verwendet, das direkt nach dem Schnitt aufgenommen und mit einem geeigneten Gerät, zum Beispiel einem Feststoffstreuer, auf der Empfängerfläche gleichmäßig verteilt wird (Auflagestärke je nach Standort 1 – 15 cm). Das Heu trocknet dann schon auf der neuen Fläche und die Samen fallen auch dort aus.

Beim Heudrusch-Verfahren wird das Heu von artenreichen Wiesen oder anderen wertvollen Pflanzenbeständen der Region gedroschen und kann dadurch gelagert werden. So kann das Material der späten und frühen Schnitte gemischt werden. Der Vorteil beider Methoden ist, dass auch Moose, Pilze und teilweise sogar Tiere mit übertragen werden. Das Material ist rar und begehrt und wird deshalb vorzugsweise für Flächen in der freien Landschaft genutzt. Falls es die Möglichkeit gibt, Mahdgut oder Heudrusch auch im besiedelten Raum zu nutzen, sollte diese auf jeden Fall genutzt werden!

Im ersten Jahr das Mähen nicht vergessen

Einer der häufigsten Gründe für misslungene Wildpflanzeneinsaaten ist die fehlende Fertigstellungspflege. Am wichtigsten ist der Schröpfschnitt. Wenn Melden, Gänsedisteln & Co. keimen, was ja trotz Bodenvorbereitung meist der Fall ist, müssen sie geschnitten werden, sobald von oben kein Boden mehr zu sehen ist – dann bekommen die klitzekleinen Keimlinge der Wildpflanzen nämlich kein Licht mehr. Am besten geschieht das mit der Sense oder einem hochgestellten Balkenmäher (Schnitthöhe 10 cm), ersatzweise mit einer Heckenschere an einer Teleskopstange. Meist ist es nicht nötig, das Mahdgut abzuräumen, nach einigen Tagen ist es vertrocknet und nicht mehr zu sehen. Wenn jedoch viel Pflanzenmasse auf der Aussaat liegt, dann muss vorsichtig (sehr vorsichtig, um die Jungpflanzen nicht aus dem Boden zu reißen!) abgerecht werden. In Gegenden, wo die Jungpflanzen durch Schneckenfraß gefährdet sind, hat sich für den Schröpfschnitt auch ein Rasenmäher mit Auffangkorb (Schnitthöhe so hoch wie möglich) bewährt. Am besten wird die Fläche in der ersten Vegetationsperiode dann noch einige Male gemäht, dann bestocken sich die Jungpflanzen besonders gut. Hier kann auch ein Rasenmäher zum Einsatz kommen.

Kurz erklärt: Schröpfschnitt

Bei Einsaaten keimen oft die Samen einjähriger Pflanzen wie Melden *(Atriplex spec.)* und Gänsedisteln *(Sonchus spec.).* Zu Beginn fördert die Beschattung durch diese schnell wachsenden Pflanzen das Auflaufen der Einsaat. Wenn von oben betrachtet der Boden nicht mehr zu sehen ist, überwiegt der negative Einfluss durch die Beschattung und die Wurzelkonkurrenz, dann wird der Bestand vorsichtig abgemäht. Meist reicht es, das Mahdgut vor Ort trocknen zu lassen. Wenn das Mahdgut aber den Boden vollständig abdeckt, muss es vorsichtig abgerecht werden.

Biodiversitätsförderung auf repräsentativen Flächen

Gute Gestaltung schafft bewohnbare Räume

Schöne Freiräume in Dörfern und Städten laden ein, etwas langsamer zu gehen, die Augen aufzumachen, zu verweilen. Sie schaffen Orte für Begegnungen und sind deshalb unerlässlich für ein gutes Zusammenleben. Leider spielen Pflanzen in hochwertigen Gestaltungen oft nur eine dekorative Nebenrolle. Wie viel schöner ist es, wenn wir an den Orten der Begegnung auch der Natur begegnen und sie genießen können! Denn alle gebauten Elemente, wie Wege- und Platzflächen, Mauern, Wände, (einsehbare) Dächer oder Bänke, können so gestaltet werden, dass sie gleichzeitig Lebensraum für Pflanzen und Tiere sind, also versickerungsoffen und begrünt. Eine gute Gestaltung hat deshalb auch die Funktion eines Ausrufezeichens: »Hey, dies hier ist so gemeint. Komm her und schau, was es zu entdecken gibt!«

So schafft zum Beispiel die Kombination von engfugigen und begrünten Oberflächenbefestigungen die Möglichkeit für spannende Gestaltungsansätze. Elemente aus unbehandelten, dauerhaften heimischen Holzarten können Flächen ein Gesicht geben. Aber auch Totholz, besser »Lebensraumholz«, kann integriert werden, zum Beispiel als Landart-Skulptur.

So werden Identifikationsorte geschaffen, wo Natur nicht zitiert wird, sondern erlebt werden kann. In der Gestaltung können die Geschichte des Ortes, Haupterwerbszweige in der Vergangenheit und Gegenwart oder andere Identifikationsbilder wie Wappen oder Logos aufgenommen und mit der Natur, in die der Ort eingebettet ist, verbunden werden. Dies können traditionelle Nutzungen sein, wie Wein- oder Streuobstanbau, oder auch traditionelle Dorfbaumarten.

◄ Von Lebensräumen, die für Pflanzen und Tiere schön gestaltet werden, profitieren auch die Menschen. Spannende Naturerlebnisse sind hier möglich, sie laden zum Beobachten ein.

Gestaltung hat Vorrang

Die Lebensräume der Landschaft werden bei hochwertigen naturnahen Gestaltungen als Inspiration genutzt. So können Pflanzenkombinationen, die außerhalb der Siedlung immer gemeinsam vorkommen, in sogenannten »Pflanzengesellschaften«, Grundlage einer auf den lokalen Naturraum bezogenen Pflanzplanung sein. Daraus werden einzelne, lokal besonders gut wüchsige, ästhetisch besonders ansprechende Arten, wie Skabiosen-Flockenblume, Nickende Distel oder Knäuel-Glockenblume, ausgewählt, die dann Pflanzenbilder mit bestimmten Farbzusammenstellungen, Strukturen oder Nutzungen (z. B. Heilpflanzen, Färbepflanzen) ergeben.

Materialien, wie Steine und Holz, sollten aus lokalen Quellen stammen, das vermeidet die ökologischen und sozialen Kosten nicht nachhaltiger Gewinnung in fernen Ländern, vermindert den Energieverbrauch beim Transport und verstärkt auch die Anbindung der Gestaltung an die Landschaft und den Ort.

Unsere Tiere und Pflanzen haben sich in den vergangenen Jahrhunderttausenden so aneinander angepasst, dass sie jetzt zusammenpassen wie Schlüssel und Schloss. Wir können also »Tiere pflanzen«, wenn wir einheimische und standortgerechte Wildpflanzen verwenden (siehe Seite 13). Eine gute Gestaltung der Fläche und der Pflanzungen betont diesen besonderen Wert. Meist werden bei hochwertig gestalteten Flächen einzelne Arten, anders als wir sie in der Landschaft vorfinden, in größeren Stückzahlen als Fläche eingesetzt, um eine schöne Wirkung zu erzielen. Auch wenn die Pflanzen in der Natur meist in bunter Gemeinschaft vorkommen, werden aber auch über Beständen mit großflächiger Heil-Ziest-Bepflanzung Gartenwollbienenmännchen ihre Reviere haben, über dem Hornklee Bläulinge flattern und Reseden-Maskenbienen an den Reseden hin- und herflitzen. Schön, wenn die Wildbienen in gebauten Elementen wie Trockenmauern oder Holzbauwerken dann gleich auch einen Brutraum finden.

Profiwissen ist gefragt

Flächen mit hohem gestalterischen Anspruch sollten von erfahrenen Fachleuten im Naturgartenbau geplant und gebaut werden. Empfehlenswert ist es, die Bevölkerung über einen Beteiligungsprozess, wie es zum Beispiel das Dillinger Modell darstellt, einzubeziehen (mehr dazu auf Seite 142). So können Gestaltungsideen und funktionierende Identifikationsmerkmale aus dem Kreis der Nutzenden heraus entwickelt werden. Bürgerinnen und Bürger erleben Selbstwirksamkeit und binden sich dadurch an die Gemeinschaft, in der sie leben.

Ob eine naturnah geplante Fläche ihren Zweck auch erfüllt, also tatsächlich die Freiraumqualität für Mensch und Natur nachhaltig verbessert, hängt in großem Maße von der Pflege der Fläche ab. Eine fachkundige Pflege kann auch aus einfachen Ansaaten wunderschöne Staudenbeete zaubern, eine schlechte Pflege jede noch so gut geplante Fläche kaputt pflegen. Es ist wichtig, hier nicht zu sparen, sondern entweder erfahrene Naturgartenfachleute zu beauftragen oder die Pflegenden entsprechend fortzubilden.

Anleitung bei der Pflege hilft, dass die gestalteten Flächen ihre Schönheit und Vielfältigkeit auf Dauer erhalten.

Natürlich schön: gestalterisch anspruchsvolle Pflanzungen

Natürliche Schmuckstücke

Besonders schön angelegte Beete schmücken markante Orte, zum Beispiel an repräsentativen Gebäuden, Kirchen, historischen Gebäuden, im Empfangsbereich von Firmensitzen, Rathäusern und Verwaltungsgebäuden. Auch an Eingangssituationen, wie sie vor dem Bahnhof, auf Kreiseln oder an Zufahrtsstraßen vorkommen, sollen sie einen bleibenden Eindruck hinterlassen.

Ein Wildblumenbeet wird die Betrachter erst einmal erstaunen, weil die verwendeten Pflanzen ja leider kaum noch bekannt sind, aber eine gekonnte Gestaltung ersetzt die großen und leuchtenden Blütenbälle der Zierpflanzen durch Farbflächen, gliedert die Fläche mit Kleingehölzen, Lebensraumholz und Natursteinen. Für naturnahe Schmuckbeete werden die schönsten Pflanzen der Magerrasen, Blumenwiesen und Säume ausgesucht. Der ökologische Wert tritt hinter dem Schauwert zurück. Wir wählen diejenigen Pflanzenarten aus, die aufgrund ihrer Blütenfarbe oder ihres Blühzeitpunktes gut ins Gestaltungskonzept passen, die im Winter gut aussehen, deren Blattformen gut harmonieren oder spannende Kontraste ergeben, oder kombinieren markante Pflanzengestalten mit ruhigeren Farbflächen.

Mager oder nicht mager, das macht bei der Anlage den Unterschied

Als Erstes sollte entschieden werden, ob sich der vorhandene Boden für die Anlage eines Schmuckbeetes eignet. Sind problematische Besiedler gestörter nährstoffreicher Böden, sogenannte »Wurzelunkräuter« wie Acker-Kratzdistel, Acker-Schachtelhalm, Stumpfblättriger Ampfer, Acker-Winde oder Quecke vorhanden? Dagegen kann auch der bestausgestattete Pflegedienst nicht anjäten.

Bei kleineren Flächen ist es vielleicht möglich, die Wurzeln der unerwünschten Pflanzen durch sorgfältige Bodenbearbeitung so weit zu entfernen, dass sie später mit einem normalen Arbeitsaufwand in Schach gehalten werden können. Hierbei wird die oberste Bodenschicht spatentief abgetragen, sorgfältig von Wurzeln befreit und seitlich gelagert. Dann wird der Unterboden mit der Grabegabel durchgearbeitet und alle Wurzeln werden herausgesammelt. In einem dritten Schritt wird der gereinigte Oberboden wieder aufgefüllt. Diese traditionelle Bodenbearbeitung wird »Rigolen« oder »Holländern« genannt. Auf öffentlichen und gewerblichen Flächen wird dies aber selten möglich sein.

Da hilft es nichts, der beikrautbelastete Boden muss raus, mindestens 30 cm tief, am besten noch tiefer. Auf sonnigen und halbschattigen Standorten können wir dann auch gleich eine Vegetationstragschicht einfüllen, die besonders wenig Pflegeaufwand bewirkt: eine mineralische Vegetationsschicht aus Schotter oder Kies (nur Körnungen mit Null-Anteil!), die mit gütegesichertem Grünkompost (5 – 40 l/m^2) oberflächlich verbessert wird. Auch ungewaschene und ungesiebte Produkte aus Kiesgruben und Steinbrüchen, Wandkies oder Vorsieb genannt, haben sich bewährt. Dann können die besonders klimafesten Wildpflanzen der mageren und trockenen Standorte angesiedelt werden.

Egal, ob nährstoffreich oder mager: Die Pflanzplanung gestalterisch anspruchsvoller Flächen wird mehr auf Pflanzung und weniger auf Einsaaten setzen und auch hauptsächlich Pflanzen mit einem eher schwach ausgeprägten Ausbreitungsvermögen verwenden, sodass das geplante Bild möglichst dauerhaft erhalten bleibt. Damit es in den ersten beiden Jahren, in denen die gepflanzten Stauden und Gehölze noch recht klein sind, auf der Fläche schön blüht, ist es sinnvoll, eine Zwischensaat aus kurzlebigen Wildstauden aufzubringen, dazu gehören vor allem eher zarte Ackerwildkrautarten wie Kornblume, Acker-Rittersporn und Venusspiegel. Klatsch-Mohn ist wunderschön, wächst aber oft zu stark und bedrängt die konkurrenzschwachen gepflanzten Exemplare.

Wenn der Boden nicht ausgetauscht wird, wird er vor der Anlage von allen Pflanzen, einschließlich Wurzelwerk, gründlich befreit und gelockert.

So wird's angelegt:

- Gegebenenfalls Boden vorbereiten:
  - verunkrauteten Boden mindestens 30 cm tief entfernen,
  - mineralische Vegetationstragschicht (Natursteinschotter 0/32 oder 0/16, Kiessand 0/32, Vorsieb, Wandkies) einfüllen,
  - 5 - 40 l/m^2 gütegesicherten Grünkompost aufbringen, einharken.
- Pflanzen setzen, bei mineralischer Vegetationstragschicht Grünkompost oder lehmigen Boden unten in Pflanzlöcher geben und mit Substrat mischen.
- Unkrautfreien Boden bepflanzen, wässern.
- Zwischensaat aufbringen, nicht einarbeiten.
- Saat anwalzen.
- In den ersten sechs bis zehn Wochen wenn möglich bei Trockenheit wässern.

Wissen, was bei der Pflege zu tun ist

Wer naturnahe, gestalterisch anspruchsvolle Flächen pflegt, muss Pflanzen und Tiere kennen. Wer Schmetterlinge »ernten« möchte, darf die Puppen nicht im Laubsauger verschwinden lassen. Gestalterisch anspruchsvolle Gestaltungen werden differenziert gepflegt. So wird die Blütezeit durch einen gezielten Remontierschnitt (siehe Seite 15) verlängert. Die Stängel von Arten, die schöne Wintersteher sind (und wo die Insektenpuppen überwintern können), bleiben im Beet stehen. Gehölze werden nur so geschnitten, dass die arteigene Gestalt erhalten bleibt. Die Pflege der Flächen sollte von einer Fachkraft für naturnahe Gestaltung durchgeführt oder begleitet und angeleitet werden.

So wird's gepflegt:

- Differenzierte Pflegeanleitung beauftragen.
- Pflege fachlich begleiten lassen (mindestens vier Pflegegänge pro Jahr).

Hochwertige Bepflanzung am sonnigen Standort auf frischen Böden

Wissenschaftlicher Name Deutscher Name	Höhe Blütenfarbe	Feb.	März	April	Mai	Juni	Juli	Aug.	Sept.	Okt.	Nov.	Bemerkung
Narcissus pseudonarcissus Gelbe Narzisse	20 cm gelb		✿	✿								Frühblüher
Primula elatior Hohe Schlüsselblume	25 cm hellgelb		✿	✿	✿							
Cardamine pratensis Wiesen-Schaumkraut	30 cm lilarosa			✿	✿	✿						wintergrün
Viola tricolor Wildes Stiefmütterchen	40 cm gelb-blau			✿	✿	✿	✿	✿	✿			wintergrün
Aquilegia vulgaris Gewöhnliche Akelei	80 cm blauviolett				✿	✿	✿					
Knautia arvensis Wiesen-Witwenblume	50 cm lila					✿	✿	✿				
Veronica maritima Langblättriger Blauweiderich	80 cm blau					✿	✿	✿				
Aconitum napellus Blauer Eisenhut	100 cm blauviolett					✿	✿	✿				giftig, Aufnahme auch über die Haut
Geranium sylvaticum Wald-Storchschnabel	50 cm rotblauviolett					✿	✿	✿				
Betonica officinalis Heil-Ziest	50 cm purpurrosa					✿	✿	✿				Herbstfärbung
Campanula persicifolia Pfirsichblättrige Glockenblume	80 cm blau					✿	✿	✿	✿			wintergrün
Campanula glomerata Knäuel-Glockenblume	60 cm blau					✿	✿	✿	✿			wintergrün
Centaurea cyanus Kornblume	80 cm blau					✿	✿	✿	✿	✿		einjährig, Aussaat
Centaurea jacea Wiesen-Flockenblume	50 cm rotviolett					✿	✿	✿	✿	✿	✿	
Centaurea nigra Schwarze Flockenblume	50 cm karminrot						✿	✿	✿			
Succisa pratensis Gewöhnlicher Teufelsabbiss	100 cm blauviolett						✿	✿	✿			wintergrün

Arten, die in der Umgebung nur selten vorkommen, sollten, um eine Florenverfälschung zu vermeiden, immer in standortheimischer Qualität gepflanzt oder gesät werden. Spezielle Pflanzenlisten für Luxemburg bei www.insekten.lu/pl

Hochwertige Bepflanzung am schattigen Standort

Wissenschaftlicher Name Deutscher Name	Höhe Blütenfarbe	Feb	März	April	Mai	Juni	Juli	Aug.	Sept.	Okt.	Bemerkung
Galanthus nivalis Schneeglöckchen	15 cm weiß	✿	✿								wintergrün; Frühblüher
Helleborus foetidus Palmblatt-Nieswurz	50 cm hellgrün	✿	✿	✿							wintergrün; giftig
Anemone nemorosa Busch-Windröschen	15 cm weiß		✿	✿							Frühblüher
Primula elatior Hohe Schlüsselblume	25 cm gelb		✿	✿							
Pulmonaria officinalis Geflecktes Lungenkraut	25 cm rosaviolett		✿	✿							wintergrün; liebt Kalk, noch auf saurem Boden
Viola reichenbachiana Wald-Veilchen	15 cm violett		✿	✿	✿						wintergrün
Lathyrus vernus Frühlings-Platterbse	30 cm blauviolett			✿	✿						
Silene dioica Rote Lichtnelke	60 cm rot			✿	✿	✿					konkurrenzstark; sät sich aus
Geum rivale Bach-Nelkenwurz	30 cm rotbraun			✿	✿	✿	✿				
Polygonatum multiflorum Vielblütige Weißwurz	60 cm weiß				✿	✿					
Euphorbia palustris Sumpf-Wolfsmilch	80 cm goldgelb				✿	✿					Herbstfärbung; liebt Kalk, noch auf saurem Boden; giftig
Luzula sylvatica Wald-Hainsimse	60 cm braun				✿	✿					wintergrün
Lunaria rediviva Ausdauerndes Silberblatt	60 cm lila				✿	✿	✿				wintergrün
Myosotis sylvatica Wald-Vergissmeinnicht	40 cm hellblau				✿	✿	✿				zweijährig
Aruncus dioicus Wald-Geißbart	180 cm weiß					✿	✿				
Astrantia major Große Sterndolde	60 cm weiß					✿	✿	✿			
Knautia maxima Wald-Witwenblume	80 cm lila					✿	✿	✿	✿		konkurrenzstark
Salvia glutinosa Kleb-Salbei	100 cm gelb						✿	✿	✿		
Campanula trachelium Nesselblättrige Glockenblume	80 cm blau						✿	✿	✿		
Solidago virgaurea Gewöhnliche Goldrute	100 cm gelb						✿	✿	✿	✿	wintergrün

Arten, die in der Umgebung nur selten vorkommen, sollten, um eine Florenverfälschung zu vermeiden, immer in standortheimischer Qualität gepflanzt oder gesät werden. Spezielle Pflanzenlisten für Luxemburg bei www.insekten.lu/pl

Bäume und Sträucher als Rückgrat der Flächen

Sträucher schaffen Räume: Pflanzung einheimischer Wildsträucher

Räume pflanzen

Erst die »Wand« schafft den Raum. Ohne Raumgrenzen gibt es nur die endlose Weite der Steppe oder das Dickicht des Waldes. Einzelsträucher, Strauchgruppen und Hecken gliedern Flächen und schaffen so ablesbare Räume und Sichtbeziehungen, eine erkennbare Ordnung. Bäume und Sträucher sind das wichtigste Werkzeug, um auf größeren Flächen schöne Parks und Gärten zu gestalten.

Dabei erinnern Gehölze an das Urbild der schönen Landschaft, die halboffene Kulturlandschaft mit ihren Wiesen und Weiden, die durch Strauchgruppen und Hecken gegliedert wird. Als es noch gemeinsam bewirtschaftete Allmendweiden gab, waren die Felder von Hecken und Zäunen umgeben und das Vieh wurde frei auf den Weiden gehütet, auf denen vereinzelt Bäume und Strauchgruppen standen. Zu dieser Zeit war die biologische Vielfalt in Europa besonders hoch. Später wurde der Gemeinschaftsbesitz aufgeteilt und nun wurde das Vieh auf seinen Weiden eingehegt, überall wurden Hecken gepflanzt. Die Linie und der rechte Winkel fingen an, die Landschaft in kleine, private Portionen zu zerlegen.

Kurz erklärt: Allmendweide

Bis vor 200 Jahren weidete das Vieh eines Dorfes oder einer Stadt auf Flächen, die allen Bauern gemeinsam gehörten und auch gemeinsam verwaltet und gepflegt wurden. Dadurch entstand eine reich strukturierte halboffene Parklandschaft mit Bäumen und Strauchgruppen. Solche Landschaftstypen zeichnen sich durch eine besonders hohe biologische Vielfalt aus.

◄ Die Wildrosenhecke (im Vordergrund: *Rosa* x *francofurtana)* säumt den Weg durch den Garten. Viele Insektenarten sammeln hier Nektar und Pollen, Vögel freuen sich über Hagebutten.

In Hecken und Strauchgruppen gibt es viele verschiedene Standortbedingungen. Im Inneren ist es oft schattig, außen gibt es immer eine sonnige und eine eher halbschattige Seite. Und wenn es dann noch einen Saum gibt, dann gibt es noch mehr verschiedene Nahrungspflanzen und Kleinklimabedingungen. Wenn wir einheimische Wildgehölze verwenden, finden hier viele Tiere einen Lebensraum.

Die Vernichtung von Hecken in der Landschaft, aber auch in Städten und Dörfern ist einer der Hauptgründe für den Rückgang der biologischen Vielfalt. Viele Vogelarten brauchen Hecken als Brutraum und zahlreiche Insekten sind auf die Blätter und die Blüten der Gehölze angewiesen. So blühen Weiden und Schlehen vor den krautigen Pflanzen und sind zu Beginn des Jahres unverzichtbar für Blütenbesucher.

Ohne Erde geht's bei der Anlage am besten

Je nach Platzangebot sollte zwischen niedrig- und hochwüchsigen Sträuchern gewählt und diese in gestuften Gruppen kombiniert werden. Nach Möglichkeit sollten Hecken mehrreihig gepflanzt werden, mit genügend Platz für Krautsäume auf beiden Seiten. Reicht die Fläche nicht für eine klassisch lineare Hecke mit Staudensaum, sind Strauchgruppen oder auch nur Einzelsträucher in Kombination mit Wildstaudensäumen oft die bessere Wahl. Es werden nur Arten gepflanzt, deren maximale Ausdehnung in Höhe und Breite dem zur Verfügung stehenden Raum entspricht.

Am besten werden Sträucher im Herbst gepflanzt, denn dann können sie über den Winter gut anwurzeln und müssen im darauffolgenden Sommer eigentlich nur noch in extremen Hitzeperioden gegossen werden. In Zeiten der Klimakrise wird dies allerdings wohl die Regel werden: Einmal in der Woche 10 bis 20 Liter Wasser je Pflanze fördern das Anwachsen. Besonders gut wachsen die Pflanzen an, die »wurzelnackt« ohne Erde und in kleinen Größen geliefert werden. Dabei ist darauf zu achten, dass die sehr empfindlichen Feinwurzeln vor der Pflanzung stets feucht gehalten werden (denn diese können in kürzester Zeit austrocknen) und dass der Pflanzschnitt von Trieben und Wurzeln nicht vergessen wird.

Als Erstes wird die gesamte Gehölzfläche, ein Streifen von mindestens 2 m Breite, von der Vegetation befreit. Wurzelunkräuter wie Acker-Winde und Quecke müssen durch mehrfaches Fräsen bei trockenem Wetter zurückgedrängt werden, oder wir suchen gleich eine Fläche ohne diese Besiedler nährstoffreicher gestörter Böden. Sie würden zu Beginn die Jungpflanzen überwuchern und zu Akzeptanzproblemen führen.

Die Pflanzlöcher sollten so groß sein, dass die leicht zurückgeschnittenen Wurzeln locker ausgebreitet hineinpassen und dass die Pflanze nicht höher gepflanzt wird, als sie in der Baumschule stand. Dann wird die ausgehobene Erde wieder eingefüllt, vorsichtig angetreten und durchdringend gewässert. Die Triebe müssen nun an die reduzierte Wurzelmasse angepasst werden, sie werden auf ein Drittel der Länge eingekürzt. Der offene Boden der Pflanzfläche sollte dann nicht mit Mulch bedeckt, sondern mit einer Saummischung eingesät werden (siehe Seite 80). Sollten doch unerwünschte Pflanzen auftauchen, z. B. Einjähriges Berufskraut, Acker-Winde oder Acker-Kratzdistel, dann werden diese in den ersten Jahren entfernt. Meist reicht einfaches Abschneiden, bei Acker-Kratzdisteln ist es sogar die bessere Methode als das Jäten mit Wurzel. Einjähriges Berufskraut muss jedoch gejätet werden, da es sonst mehrjährig wächst. Damit die Gehölze bei den ersten Pflegeschnitten des Saumes nicht aus Versehen abgemäht werden, wird neben jedes Gehölz ein Pflock eingeschlagen. Am besten wird in den ersten Jahren auf das Mähen des Saumes ganz verzichtet, stattdessen wird nur der Bereich um die markierten Gehölze niedergetreten oder die Pflanzen werden ausgerauft und als Mulch liegen gelassen.

So wird's angelegt:

- Vorab: professionelle Planung, damit Pflanzen nicht größer werden als der zur Verfügung stehende Raum.
- Pflanzfläche von vorhandener Vegetation befreien.
- Pflanzen setzen, einschließlich Wurzelschnitt und Pflanzschnitt.
- Gründlich anwässern, in Hitzesommern und bei Frühjahrspflanzung auch während der ersten Vegetationsperiode.
- Fläche mit Saummischung einsäen.
- Samen anwalzen.

So wenig wie möglich, so viel wie nötig pflegen

Um die Pflege und damit auch die störenden Eingriffe in den Lebensraum so gering wie möglich zu halten, werden nur Arten verwendet, deren maximale Ausdehnung in Höhe und Breite dem zur Verfügung stehenden Raum entspricht. Dann muss hier nur das Aufkommen von Bäumen verhindert werden.

Es gibt bei der Pflege drei Möglichkeiten: Entweder wird die Hecke alle zehn bis fünfzehn Jahre auf den Stock gesetzt, die Sträucher werden dazu 30 bis 50 cm über dem Boden abgeschnitten. Oder die Hecke wird »geknickt«: Die Stämmlinge werden nur angeschnitten, umgeknickt und vielleicht sogar verflochten, wie es früher üblich war. Die umgeknickten Stämmlinge treiben wieder aus, die Hecke und ihr Kleinklima bleiben also erhalten. Am besten gehen wir bei der Heckenpflege mosaikartig vor. Wenn die jeweils gepflegten Abschnitte nicht länger als 10 m sind, steigt sogar die Dichte an Vogelnestern. Beim sogenannten

Niedrige Gehölze

Wissenschaftlicher Name Deutscher Name	Höhe Blütenfarbe	März	April	Mai	Juni	Juli	Aug.	Sept.	Okt.	Nov.	Fruchtfarbe Bemerkung
Daphne mezereum Gewöhnlicher Seidelbast	1,2 m rosa	✿	✿								rot giftig
Prunus fruticosa Zwerg-Kirsche	1 m weiß		✿	✿							rot
Cotoneaster integerrimus Gewöhnliche Zwergmispel	1,5 m weißrosa		✿	✿							rot Herbstfärbung
Ribes alpinum Alpen-Johannisbeere	1,5 m grünlich		✿	✿							rot Herbstfärbung
Chamaecytisus supinus Kopf-Zwergginster	0,8 m gelb		✿	✿	✿						schwarz giftig
Hippocrepis emerus Strauchiger Hufeisenklee	2 m gelb		✿	✿	✿	✿					braun Herbstfärbung
Rosa spinosissima Bibernell-Rose	1 m weiß			✿	✿						schwarz Herbstfärbung, Ausläufer
Lonicera xylosteum Rote Heckenkirsche	2 m weiß			✿	✿						rot
Lonicera nigra Schwarze Heckenkirsche	1,5 m weiß			✿	✿						schwarz
Cytisus scoparius Gewöhnlicher Besenginster	2 m gelb			✿	✿						kein Kalk
Genista pilosa Behaarter Ginster	0,4 m gelb			✿	✿						immergrün
Lonicera caerulea Blaue Heckenkirsche	1,5 m weiß			✿	✿	✿					blau
Lonicera alpigena Alpen-Heckenkirsche	2 m weißrosa			✿	✿	✿					rot
Rosa majalis Zimt-Rose	2 m rosa			✿	✿	✿					rot Herbstfärbung, Ausläufer
Rosa gallica Essig-Rose	1 m rosa				✿	✿					rot
Rosa villosa Apfel-Rose	2 m rosa				✿	✿					rot
Rosa tomentosa Filz-Rose	2 m rosa				✿	✿					rot
Cytisus nigricans Schwarzwerdender Geißklee	1,5 m gelb				✿	✿	✿				schwarz
Genista tinctoria Färber-Ginster	0,8 m gelb				✿	✿	✿				schwarz giftig
Hedera helix 'Arborescens' Gewöhnlicher Efeu, Sorte	2 m grün							✿	✿		schwarz immergrün

Arten, die in der Umgebung nur selten vorkommen, sollten, um eine Florenverfälschung zu vermeiden, immer in standortheimischer Qualität gepflanzt oder gesät werden. Spezielle Pflanzenlisten für Luxemburg bei www.insekten.lu/pl

»Kulissenschnitt«, der dritten Vorgehensweise, werden alle drei bis fünf Jahre ein Viertel bis ein Drittel der Sträucher in kleineren Gruppen auf den Stock gesetzt. Dabei werden dann jeweils diejenigen Exemplare ausgewählt, die benachbarte Pflanzen bedrängen. Der Kulissenschnitt ist insbesondere dort zu empfehlen, wo die traditionelle Heckenpflege, wie sie in der freien Landschaft praktiziert wurde, als unangemessen empfunden wird.

Solitärsträucher werden nur dann geschnitten, wenn sie den Raum überschreiten, der ihnen zusteht, und zwar so, dass ihre natürliche Gestalt erhalten bleibt. Alle Pflegeschnitte dürfen nur außerhalb der Brutzeit der Vögel durchgeführt werden.

So wird's gepflegt:
- Jährliche Kontrolle auf überhängende Äste, diese auf Verzweigung zurückschneiden.
- Alle zehn bis fünfzehn Jahre Hecke über einige Jahre abschnittsweise (Länge der gepflegten Bereiche etwa 10 m) auf den Stock setzen oder knicken.
- Alternativ alle drei bis fünf Jahre ein Viertel bis ein Drittel der Sträucher auf den Stock setzen.

Bei Pflegeschnitten ist der »Hausmeisterschnitt« oder »Bubikopfschnitt«, das Einkürzen der Wipfeltriebe, grundsätzlich zu vermeiden, da dann die arteigene Gestalt des Strauches durch zahlreiche senkrechte Wasserreiser verloren geht. Zudem geht der enorme ökologische Wert von Gehölzpflanzungen verloren, wenn jedes einzelne Gehölz zu einer Kugel zurechtgeschnitten wird.

Moderate Reduzierungen können durch Ableiten (Abschneiden des führenden Triebes an der Verzweigung eines schwächeren Triebes) vorgenommen werden. Manchmal ist es sinnvoller, die stärksten Triebe bodennah herauszuschneiden.

Schwarzwerdener Geißklee braucht wenig Pflege.
Im Hochsommer leuchten seine gelben Schmetterlingsblüten.

Bäume sind Freunde: biodiversitätsfördernde (Schatten-)Bäume pflanzen

Bäume sind unverzichtbar

Große Bäume prägen den Freiraum, in dem sie wachsen, vor allem, wenn sie alt werden dürfen und wenn die Vergangenheit an ihrer individuellen Gestalt sichtbar wird. Ihre Lebensspanne übersteigt die Lebensspanne von uns Menschen um ein Vielfaches. Bäume sind lebendige Zeugen vergangener Zeiten, sie machen damit Orte unverwechselbar. Weil sie über uns hinausweisen, ist das Pflanzen von Bäumen immer mit Hoffnung für die Zukunft verbunden.

In Zeiten der Klimakrise werden Bäume im besiedelten Raum immer wichtiger. Sie spenden Schatten, filtern Feinstaub und kühlen die Umgebungstemperatur ab, weil sie Wasser aus großen Tiefen aufnehmen können und über die Blätter verdunsten, selbst wenn der Boden schon oberflächlich ausgetrocknet ist. Bäume tragen dann besonders effektiv zur Abkühlung des Kleinklimas bei, wenn sie frei stehen und wenn kein durchgängiges Kronendach entsteht. Denn unter einem Kronendach staut sich die Wärme des Tages in der Nacht. Die Kühle der Nacht kann also nur unter einem lockeren Baumbestand den Boden erreichen. Außerdem sollten Bäume nicht alleine auf einem versiegelten Platz stehen, sondern auf kleineren und größeren Grünflächen, wo sie zusammen mit Wiesen, Säumen, Sträuchern und Rasenflächen nicht nur die Erholung der Menschen fördern, sondern auch besonders effektiv kühlen. Wege, Plätze und Sitzgelegenheiten sind dabei unverzichtbar zur Erschließung solcher Erholungsräume.

Wenn die von Baumkronen überdeckte Fläche mancher Städte betrachtet wird, dann ist das oft mit der Situation lichter Wälder vergleichbar. Sie ähnelt damit der traditionellen Kulturlandschaft mehr als die intensiv bewirtschaftete freie Landschaft um Städte und Dörfer herum. Das ist sicherlich ein Grund, warum Städte und Dörfer eine höhere biologische Vielfalt beherbergen als landwirtschaftlich genutzte Flächen. Dieses Potenzial könnte noch weiterentwickelt werden, wenn bevorzugt einheimische Arten gepflanzt würden. Denn einheimische Baumarten produzieren nicht nur – wie alle Bäume – aufgrund ihres Volumens viel Biomasse, sondern ernähren auch eine Vielzahl von Tierarten, unter anderem zahlreiche spezialisierte Insektenarten.

Grundsätzlich gilt es zwischen Großbäumen mit starkem Wachstum und hohem Platzbedarf und Kleinbäumen mit geringerem Platzanspruch zu

unterscheiden. Großbäume am falschen Standort können weder ihre Gestalt und Schönheit entfalten noch ihr volles Alter erreichen. Im Zuge der Klimaerwärmung gilt es besonders im Siedlungsbereich trockenheitsverträgliche, heimische Gehölze zu wählen. In den besonders warmen Landschaften am südlichen Rand Mitteleuropas, im Oberrheingraben oder im Mainzer Becken herrscht jetzt ein Klima, wie wir es demnächst in Regionen erwarten müssen, die jetzt noch viel kühler und feuchter sind. Dort wachsen viele schöne und an Hitze und Trockenheit angepasste Arten. Baumarten und Großsträucher dieser Lebensräume sollten statt nicht heimischer »Klimapflanzen« bei Gehölzpflanzungen im besiedelten Raum verwendet werden (siehe Seite 53).

Bäume prägen aber nicht nur den Raum für uns Menschen, sie beeinflussen auch sehr stark die Standortbedingungen für die kleineren Pflanzen, die dort wachsen. Bei einer Neuplanung ist es daher wichtig, zuerst die Standorte von Bäumen und anderen Gehölzpflanzungen festzulegen und deren zukünftigen Einfluss bei der restlichen Planung zu berücksichtigen.

Bei der Anlage für einen guten Start sorgen

Während eine gute Planung durch die Wahl der richtigen Baumart das zu erwartende Kronenvolumen an den zur Verfügung stehenden Raum anpassen kann, ist das beim Wurzelvolumen schon viel schwerer. Die nächste versiegelte Fläche, das nächste Bauwerk ist im besiedelten Raum meist nicht weit entfernt, und im Untergrund verlaufen viele Ver- und Entsorgungsleitungen. Trotzdem sollte das dem Baum zur Verfügung stehende Wurzelvolumen so groß wie möglich bemessen werden. Im Bereich von Straßen und Plätzen muss dieser Wurzelraum auch so gut wie möglich verbessert werden. Mindestens 16 m^3 Wurzelraum mit speziellem Baumsubstrat sollten den Bäumen zur Verfügung stehen, besser mehr. Leitungen müssen mindestens 2,5 m entfernt verlaufen, besser weiter entfernt, denn Abtrennen von Haltewurzeln in einem Abstand unter 2,5 m, zum Beispiel bei Reparaturarbeiten an

So wird's angelegt:

- Gegebenenfalls ausreichend große Baumgrube (mindestens 16 m^3) herstellen.
- Gegebenenfalls Baumsubstrat einbringen.
- Pflanzgrube herstellen.
- Baumbefestigung einbauen.
- Baumpflanzung einschließlich Pflanzschnitt.
- Bewässerung vorsehen (Wassersack, -ring).
- Pflanzscheibe einsäen oder bepflanzen.
- In der ersten Vegetationsperiode mindestens zehnmal gründlich wässern (100 Liter pro Baum und Arbeitsgang).

◄ Der Französische Ahorn kommt auch mit trockenen Standorten und Hitze gut zurecht. Die dreilappigen Blätter haben eine schöne Herbstfärbung (Bild oben).

den Leitungen, führt in den meisten Fällen zum Verlust der Verkehrssicherheit. Es gibt verdichtbare und trotzdem durchwurzelbare Baumsubstrate, sodass auch der Raum unter versickerungsoffenen Belägen als Wurzelraum hergestellt werden kann. Wassersäcke oder -ringe erleichtern die notwendige intensive Bewässerung (im ersten Jahr etwa zehnmal pro Jahr 100 Liter, in den Folgejahren mit abnehmender Häufigkeit).

Unter Bäumen sollte kein Rasen eingesät werden, besser ist die Einsaat von Staudensäumen oder die Anlage von Wildstaudenbeeten. Baumsubstrat ist frei von unerwünschten Beikräutern, gut durchlüftet und enthält recht viel Pflanzenfutter, es ist deshalb auch ein perfektes Substrat für Wildblumenbeete. Alternativ können die obersten 30 cm mit Schotter 0/32 abgedeckt und mit einer Wildblumenmischung eingesät werden.

Baumpflege braucht Fachkenntnisse

Der Baumbestand einer Kommune oder eines Unternehmens stellt in vielfacher Hinsicht einen erheblichen Wert dar. Falsche Pflege kann dies Kapital in kürzester Zeit vernichten. Deshalb sollten nur Personen mit einer entsprechenden Ausbildung die Pflegearbeiten an Bäumen im öffentlichen oder gewerblichen Besitz übernehmen. In den ersten zehn Jahren ist die Entwicklungspflege von größter Bedeutung. Der Baum muss in seiner Jugend auf das erforderliche Lichtraumprofil aufgeastet werden – an Gehwegen mindestens 2,5 m, an Straßen mindestens 4,5 m, besser mehr. Ein Rückschnitt in der Länge (Kappen) ist bei großkronigen Bäumen unzulässig. Speziell ausgebildetes Baumpflegepersonal kann auch ältere Bäume so pflegen, dass diese möglichst lange erhalten bleiben. Gerade in der letzten Phase des Lebens ist der ökologische Wert der Bäume besonders hoch, Astlöcher und Ausfaulungen sind wichtige Lebensräume für Insekten, aber auch für Vögel und Fledermäuse. Gute Baumkontrolle sichert die Verkehrssicherheit, also den Schutz von Personen und Sachen vor umstürzenden Bäumen und herabfallenden Ästen, bei weitestgehendem Erhalt der Lebensraumfunktion. Alle Pflegearbeiten müssen außerhalb der Brutzeit der Vögel durchgeführt werden. Faulstellen und Höhlen in Bäumen, aber auch abgestorbene Äste, ja auch abgestorbene Bäume sind ein wichtiger Lebensraum. Wo tote Äste oder auch tote Bäume keine Gefahr darstellen, sollten sie auf jeden Fall erhalten werden. Wenn es aus Verkehrssicherungsgründen nicht möglich ist, stehendes Totholz zu erhalten, werden die Bäume gefällt und dürfen, wenn möglich, vor Ort verrotten.

So wird's gepflegt:

- Entwicklungs- und Erhaltungspflege nur durch Personen mit Fachkenntnissen.

Klimafeste Bäume und Großsträucher, die zu Kleinbäumen erzogen werden können

Wissenschaftlicher Name Deutscher Name	Höhe	Standort	Bemerkung
Acer campestre Feld-Ahorn	15 m	volle Sonne - lichter Schatten	sehr wertvoll für Insekten
Acer monspessulanum Französischer Ahorn	8 m	volle Sonne - lichter Schatten	kalkliebend
Acer opalus Schneeballblättriger Ahorn	10 m	volle Sonne - lichter Schatten	nur auf kalkhaltigen Böden
Cornus mas Kornelkirsche	6 m	volle Sonne - lichter Schatten	kalkliebend
Crataegus monogyna Eingriffliger Weißdorn	6 m	Sonne - Halbschatten	kalkliebend
Fraxinus ornus Blumen-Esche	10 m	Sonne	kalkliebend
Laburnum anagyroides Gewöhnlicher Goldregen	7 m	Sonne - Halbschatten	kalkliebend, giftig
Malus sylvestris Wild-Apfel	10 m	Sonne - Halbschatten	kalkliebend, braucht Luftfeuchte
Mespilus germanica Echte Mispel	6 m	Sonne - Halbschatten	kalkliebend
Prunus mahaleb Felsen-Kirsche	6 m	nur Sonne	nur auf Kalk
Pyrus pyraster Wild-Birne	20 m	Sonne - Halbschatten	kalkliebend
Quercus pubescens Flaum-Eiche	8 m	Sonne - Halbschatten	kalkliebend
Quercus petraea Trauben-Eiche	35 m	volle Sonne - lichter Schatten	keine nassen Standorte, sehr wertvoll für Insekten
Rhamnus alpina Alpen-Kreuzdorn	3 m	Halbschatten - Schatten	kalkliebend
Rhamnus cathartica Purgier-Kreuzdorn	3 m	Sonne - Halbschatten	anspruchslos
Staphylea pinnata Gewöhnliche Klappernuss	3 m	Sonne - Halbschatten	kalkliebend
Sorbus aria Gewöhnliche Mehlbeere	12 m	Sonne - Halbschatten	auf allen durchlässigen, nicht sehr sauren Substrate
Sorbus domestica Speierling	15 m	Sonne - Halbschatten	nicht auf Sand
Sorbus torminalis Elsbeere	15 m	Sonne - Halbschatten	kalkliebend, ggf. auch im Schatten
Sorbus latifolia Breitblättrige Mehlbeere	15 m	Sonne - Halbschatten	Sorbus-Kleinart

Arten, die in der Umgebung nur selten vorkommen, sollten, um eine Florenverfälschung zu vermeiden, immer in standortheimischer Qualitat gepflanzt oder gesät werden. Spezielle Pflanzenlisten fur Luxemburg bei www.insekten.lu/pl

Blühende Wiesen und Säume

Weniger ist mehr: Pflegeumstellung bei Flächen mit hohem Potenzial

Verborgene Originale

Noch vor fünfzig Jahren war es möglich, einen schönen Wildblumenstrauß am Wegesrand zu pflücken und bis zum Ende des 19. Jahrhunderts, also bevor eigens gezüchtete Grassorten für Scherrasen in großem Stil auf den Markt kamen und Herbizide den »unkrautfreien Rasen« möglich machten, blühten auf Rasenflächen viele bunte Blümchen. Manchmal ist es ganz einfach, dafür zu sorgen, dass am Rand des Weges oder auf dem Rasen vor der Kirche wieder bunte Wildblumen und Wildkräuter blühen, Wildbienen summen, Heuschrecken zirpen und Schmetterlinge flattern. Dort, wo die artenreichen Weiden, Wegränder, Säume und Wiesen nie umgebrochen wurden, sondern allein durch häufiges Mähen in einen Rasen verwandelt wurden, können die bunten Blumen einfach durch eine Umstellung der Pflege zurückgeholt werden. Auf diesen Flächen wird nichts eingesät. Niemand muss sich den Kopf zerbrechen, welche Arten verwendet werden sollen und ob diese auch in naturschutzfachlich akzeptabler Qualität auf dem Markt vorhanden sind.

Rasenflächen an historischen Gebäuden, beispielsweise rund um Kirchen und Kapellen, an Schlössern oder auf Friedhöfen können solche naturschutzfachlichen Schätze darstellen. Sie sollten als solche registriert, erhalten und entwickelt werden.

Finden statt Machen – Fachleute bewerten den Bestand

Ob sich eine Fläche zur Umwandlung durch Pflegeumstellung eignet, können botanisch versierte Fachleute ohne große Probleme erkennen. Sie suchen nach den Rosetten der Pflanzen der artenreichen Magerweiden, Blumenwiesen oder

◄ Artenreicher historisch alter Rasen am Ratzeburger Dom mit Knolligem Hahnenfuß *(Ranunculus bulbosus)* und Kleinem Habichtskraut *(Hieracium pilosella).*

Säume und können dann die entsprechende Pflegeumstellung beschreiben. Wenn keine Experten zur Hand sind, kann man auch einfach einmal für ein paar Monate aufs Mähen verzichten und schauen, was herauskommt.

Fast immer lohnt es sich bei älteren Rasenflächen, einmal einen Frühling lang auf das Rasenmähen zu verzichten und zu schauen, was sich bis zur Sommersonnenwende entwickelt. Mutter Natur macht uns ein Angebot und zeigt, ob sie eher in Richtung eines Kräuterrasens oder einer Blumenwiese gehen möchte. Wir können dann entscheiden, ob wir dieses Angebot annehmen wollen oder auch nicht.

Einfach mal wachsen lassen: Blumenwiesen und Wildstaudensäume durch Pflegeumstellung

Die neue Pflege hängt davon ab, ob eine Blumenwiese, ein Blumenkräuterrasen (siehe dazu auch Seite 72) oder ein Wildstaudensaum entstehen soll. Wenn eine Blumenwiese oder ein Blumenkräuterrasen entstehen soll, wird die Fläche je nach Nährstoffgehalt nur noch zwei- bis dreimal gemäht: das erste Mal, wenn die Margeriten anfangen zu verblühen. Wenn der Bestand wieder gut aufgewachsen ist (mindestens kniehoch), folgt die zweite Mahd. Die letzte Mahd liegt immer im Herbst. Bei mageren Flächen ist dies die zweite Mahd, bei nährstoffreichen Flächen ist die Herbstmahd die dritte Mahd.

Mähen führt immer zu Tierverlusten, wie groß diese sind, hängt von der verwendeten Technik ab. Besonders viele Tiere werden durch Mulchmäher und Mäher, die das Mahdgut absaugen, getötet. Etwas geringer sind die Tierverluste beim Kreiselmäher, am günstigsten ist der Balkenmäher. Es sollte nie von außen nach innen gemäht werden, sondern von einer Seite zur anderen oder von innen nach außen, damit die Tiere nicht in die Mitte getrieben und am Schluss dann alle zusammen geschädigt werden. Auch der Zeitpunkt wird so gewählt, dass möglichst wenig Tiere geschädigt werden: Wenn Insekten geschont werden sollen, wird eher am Morgen und nicht zur Hauptflugzeit der Insekten gemäht, wenn Amphibien und Reptilien geschont werden sollen, wird nur gemäht, wenn es warm ist und die Tiere gut fliehen können.

So wird die Pflege umgestellt:

- Begutachtung: Ist ein wertvoller Bestand vorhanden?
- Pflegeumstellung: Wiesen und Rasen seltener schonend mähen, zwei- bis dreimal pro Jahr, Säume jedes Jahr nur auf der Hälfte der Fläche.
- Mahdgut auf der Fläche trocknen und erst dann abfahren.
- Nie die gesamte Fläche in einem Durchgang mähen, »Puppenstuben« im Wildstaudensaum stehen lassen.

Artenreiche Salbei-Glatthafer-Wiese im Schlosspark Nymphenburg: Hier sind historische blütenreiche Blumenwiesen erhalten worden.

Auf der Fläche sollten immer einige Bereiche ungemäht bleiben, die bei dem folgenden Pflegegang wieder gemäht werden. Einige Altgrasstreifen dürfen auch über den Winter stehen bleiben. Das Mahdgut wird auf der Fläche getrocknet und erst nach dem Trocknen abgefahren.

Wildstaudensäume werden seltener gemäht, nämlich nur alle zwei Jahre, damit immer genügend »Puppenstuben« (trockene Stängel als Lebensraum für Schmetterlingspuppen und andere Insektenlarven) stehen bleiben. Es wird jedes Jahr abwechselnd nur die Hälfte der Fläche gemäht. Auch hier wird das Mahdgut am besten erst auf der Fläche getrocknet und erst nach drei bis vier Tagen zusammengetragen und abgefahren. Der Trockenvorgang garantiert, dass ein Teil der reifen Samen ausfällt und in der Fläche verbleibt.

Das Bunt der Felder: Einsaat einjähriger Wildpflanzen als kurzzeitige Zwischenbegrünung

Blütenfeuerwerk für Pop-up-Beete

Eine Samentüte wird ausgestreut und schon nach wenigen Wochen blühen bunte Blumen – das ist auch mit einheimischen Wildpflanzen, nämlich mit einjährigen Ackerwildkräutern, möglich. Knallroter Mohn, blaue Kornblumen, gelbe Saat-Wucherblumen, es ist ein Feuerwerk der Farben. Aber wie jedes Feuerwerk ist es schon bald vorbei. Wer sich schnell entwickelt und schnell blüht, ist bald weg vom Fenster. Mehrjährige Pflanzen hingegen sorgen für ein dauerhaftes Farbspiel. Allerdings müssen sie im Ansaatjahr zunächst ihr Wurzelwerk ausbilden. In den ersten ein, zwei Jahren blühen viele langlebige Wildstaudenarten kaum oder gar nicht.

Solch ein Blütenfeuerwerk aus einjährigen Pflanzen kann in bestimmten Jahren, zum Beispiel anlässlich eines Jubiläums, Flächen verschönern. Es kann auch genutzt werden, um Flächen, deren Umgestaltung erst im nächsten Jahr ansteht, blütenbunt zu begrünen und gleichzeitig die Besiedlung mit konkurrenzstarken unerwünschten Beikräutern zu verhindern oder zu bremsen. Insbesondere Erdmieten bei Bauvorhaben werden so zu knalligen Werbeplakaten, vielleicht sogar in den Logofarben der Kommune oder des Betriebes.

Einsaaten mit einjährigen Ackerwildkräutern sind vor allem für Blütenbesucher interessant. Da der Standort nur ein Jahr existiert, können sich aber kaum Tiere dauerhaft ansiedeln, denn die meisten Tiere brauchen ja mehr als bunte Blüten. Zum Beispiel können aus den Raupen der meisten Schmetterlinge nur dann Falter schlüpfen, wenn sie einen ruhigen Platz für die Überwinterung finden. Besonders sinnvoll ist deshalb die Zwischensaat von Ackerwildblumen in Gehölzpflanzungen oder in anderen mehrjährigen Pflanzungen. Zwischenbegrünungen, die nach einem Jahr Standzeit vollständig verändert werden, wie die Begrünung von Erdmieten, sollten möglichst erst nach dem Winter abgebaut werden, damit Vögel und andere Tiere hier noch Winternahrung finden und überwinternde Insekten noch schlüpfen können.

Bei der Anlage vom Acker lernen ...

Jede Einsaat auf humusreichen Böden braucht einen gut vorbereiteten, lockeren und beikrautfreien Boden. Wenn der Boden mit problematischen Besiedlern nährstoffreicher Böden wie Acker-Winde, Acker-Kratzdistel oder Quecke

Ackerwildkräuter wie Klatsch-Mohn und Kornblumen sind als Zwischensaat ideal.

durchsetzt ist, ist zu empfehlen, dass sofort eine dauerhafte Gestaltung der Fläche in Angriff genommen wird. Die Ackerwildkräuter können zwar die Ansiedlung dieser problematischen Pflanzen behindern, werden diese aber nicht zurückdrängen, wenn deren Wurzeln und Samen schon im Boden sind.

Die Bodenvorbereitung und Einsaat erfolgen wie ab Seite 19 beschrieben. Schröpfschnitte sind bei der Aussaat von einjährigen Wildkräutern nicht sinnvoll, da damit auch die ausgesäten Arten geschädigt werden.

So wird's angelegt:

- Boden muss frei von Wurzelunkräutern sein.
- Feinkrümeliges Saatbett bereiten.
- Säen und anwalzen.
- Wenn möglich, in den ersten Wochen bei Trockenheit wässern.

... und dann nur noch schauen

Eine weitere Pflege ist nicht notwendig, wenn die Bodenvorbereitung für ein beikrautarmes Beet gesorgt hat. Falls wenige unerwünschte Pflanzen auflaufen, können diese gejätet oder abgeschnitten werden. Damit wird man aber auch immer Jungpflanzen der eingesäten Arten beeinträchtigen.

Einjährige Wildpflanzen als Zwischenbegrünung

Wissenschaftlicher Name Deutscher Name	Höhe Blütenfarbe	Jan.	Feb.	März	April	Mai	Juni	Juli	Aug.	Sept.	Okt.	Nov.	Bemerkung
Alliaria petiolata Gewöhnliche Knoblauchsrauke	100 cm weiß				✿	✿	✿						wintergrün
Viola arvensis Acker-Stiefmütterchen	20 cm cremefarben				✿	✿	✿						
Viola tricolor Wildes Stiefmütterchen	40 cm gelb-blau				✿	✿	✿	✿	✿	✿			wintergrün
Myosotis arvensis Acker-Vergissmeinnicht	40 cm blau				✿	✿	✿	✿	✿	✿			wintergrün
Ranunculus arvensis Acker-Hahnenfuß	60 cm hellgelb					✿	✿	✿					wintergrün
Papaver argemone Sand-Mohn	30 cm rot					✿	✿	✿					wintergrün
Consolida regalis Feld-Rittersporn	50 cm blau					✿	✿	✿	✿				wintergrün
Papaver rhoeas Klatsch-Mohn	80 cm rot					✿	✿	✿	✿	✿			
Anthemis arvensis Acker-Hundskamille	50 cm weiß-gelb					✿	✿	✿	✿	✿	✿		wintergrün
Agrostemma githago Gewöhnliche Kornrade	100 cm rosa						✿	✿					wintergrün giftig
Orlaya grandiflora Strahlen-Breitsame	50 cm weiß						✿	✿	✿				wintergrün
Daucus carota Wilde Möhre	80 cm weiß						✿	✿	✿	✿			
Silene noctiflora Acker-Lichtnelke	40 cm weiß						✿	✿	✿	✿			wintergrün
Reseda luteola Färber-Wau	120 cm gelb						✿	✿	✿	✿			wintergrün
Centaurea cyanus Kornblume	80 cm blau						✿	✿	✿	✿	✿		wintergrün
Calendula arvensis Acker-Ringelblume	20 cm orange						✿	✿	✿	✿	✿		wintergrün
Erodium cicutarium Gewöhnlicher Reiherschnabel	40 cm rosa						✿	✿	✿	✿	✿		wintergrün
Glebionis segetum Saat-Wucherblume	50 cm gelb							✿	✿	✿	✿		

Arten, die in der Umgebung nur selten vorkommen, sollten, um eine Florenverfälschung zu vermeiden, immer in standortheimischer Qualität gepflanzt oder gesät werden. Spezielle Pflanzenlisten für Luxemburg bei www.insekten.lu/pl

Natur auf Zeit: Einsaat kurzlebiger Wildstauden als mehrjährige Zwischenbegrünung

Blühendes Leben auf Zeit

Dörfer und Städte wandeln sich, weil unsere Ansprüche sich ändern. Aus Industrieflächen werden Wohngebiete; Gewerbeflächen werden entwickelt und sollen erst in einigen Jahren bebaut werden. Für einige Jahre darf dieses Land zu nichts nutze sein – welche Chance! Meist bleibt es unberührt und damit wird das Potenzial viel zu wenig ausgeschöpft. Denn solche Flächen können nur von den ausbreitungsstarken Pflanzen besiedelt werden, die auch in der Nähe vorkommen. Leider sind das oft »invasive Neophyten«. Das sind exotische Gartenpflanzen, die sich außerhalb der Gärten stark vermehren und bei denen nachgewiesen ist, dass sie die Biodiversität schädigen (siehe Seite 15). Viel ansehnlicher und lebendiger werden solche Flächen, wenn sie mit einheimischen Wildpflanzen eingesät werden, die darauf spezialisiert sind, gestörte Standorte zu besiedeln, die aber, weil solche Standorte in der Natur immer seltener werden, meist nicht in unmittelbarer Nähe vorkommen. Diese Pflanzen sind oft wüchsig, werden relativ hoch und kommen schnell zur Blüte. Einige Jahre leuchtet hier also ein Blütenmeer. Eine gezielte Einsaat eignet sich vor allem für nährstoffreichen Boden, wenn zum Beispiel ein Gewerbegebiet auf ehemaligem Ackerboden entwickelt wird. Dies ist ein perfekter Standort für die sogenannten »Ruderalarten«. Es entstehen prächtige und hohe Pflanzenbestände.

Versiegelte oder geschotterte Flächen in aufgegebenen Gewerbestandorten sind im Grunde Magerstandorte und können mit den Arten dieser Standorte begrünt werden. Oft entstehen naturschutzfachlich wertvolle Bestände aber auch einfach durch Nichtstun und Verzicht auf Pflegemaßnahmen, die ja oft als »Verhinderungspflege« nur durchgeführt werden, um das Entstehen wertvoller Standorte zu verhindern. Schön, dass es inzwischen Möglichkeiten gibt, »Natur auf Zeit« entstehen zu lassen, ohne dass die Eigentümer befürchten müssen, dadurch in der zukünftigen Flächennutzung eingeschränkt zu werden.

Da die Flächen nur für eine begrenzte Zeit angelegt werden, muss kaum gepflegt werden. Wenn die natürlicherweise aufkommenden Gehölze die Fläche überwuchern würden, ist sie längst ihrer ursprünglichen Bestimmung zugeführt. Eine Mahd zum Zurückdrängen der Gehölze ist also nicht nötig und damit gibt es auch die Tierverluste nicht, die mit der Mahd immer verbunden sind. Hier finden Insekten alles, was sie brauchen: nektarreiche Blüten, zahlreiche einheimische Wildpflanzenarten, an denen Raupen und Larven fressen können. Und weil niemand die Stängel abschneiden muss, können sie nicht nur fressen, sondern sich auch sicher verpuppen und schlüpfen.

Anlage: nur einmal säen

Die Bodenvorbereitung und die Einsaat werden wie ab Seite 19 beschrieben vorgenommen.

Pflege? Nicht nötig!

Solch eine Blütenpracht auf Zeit muss nicht gepflegt werden. Denn hier ist die Veränderung das Ziel und Veränderungen, die den Wert für die biologische Vielfalt mindern würden, sind in der kurzen Zeit bis zur endgültigen Bebauung nicht zu erwarten. Sollten doch invasive Neophyten wie Kanadische Goldrute, Sachalin-Staudenknöterich, Berufskraut oder Ambrosia aufkommen, dann sollten diese selektiv gemäht oder gejätet werden (v. a. Einjähriges Berufskraut, da es bei Schnitt mehrjährig wächst). Es kann natürlich sein, dass die Tatsache, dass hier nicht gepflegt wird, zu Stirnrunzeln führt. Müll wird deshalb konsequent entfernt. Durch »Akzeptanzpflege«, wie das regelmäßige Mähen der Ränder, und eine entsprechende Öffentlichkeitsarbeit machen wir deutlich, dass die Fläche mit gutem Grund unberührt bleibt. Besondere Aufmerksamkeit braucht aber auch die Überführung in den geplanten Endzustand. Am besten ist es, wenn Mahdgut nicht entsorgt, sondern auf Nebenflächen gelagert werden kann, damit ein Teil der letzten Insekten-Generation noch schlüpfen kann. Eine Umwandlung in Abschnitten sorgt dafür, dass den Tieren Rückzugsräume erhalten bleiben. Wenn die Grünflächen der Endbebauung dann naturnah angelegt werden, ist ein sanfter Übergang auf Teilflächen möglich.

So wird's angelegt:

- Boden muss frei von Wurzelunkräutern sein.
- Feinkrümeliges Saatbett bereiten.
- Säen und anwalzen.
- Gegebenenfalls in den ersten Wochen bei Trockenheit wässern.

Pflanzen für Natur auf Zeit

Wissenschaftlicher Name Deutscher Name	Höhe Blütenfarbe	März	April	Mai	Juni	Juli	Aug.	Sept.	Okt.	Nov.	Dez.	Bemerkung
Silene dioica Rote Lichtnelke	80 cm rot		✿	✿	✿	✿	✿	✿				wintergrün
Tragopogon pratensis Wiesen-Bocksbart	70 cm gelb			✿	✿	✿						zweijährig
Isatis tinctoria Färber-Waid	140 cm gelb			✿	✿	✿						zweijährig
Echium vulgare Gewöhnlicher Natternkopf	70 cm blau			✿	✿	✿						zweijährig, wintergrün
Silene vulgaris Gewöhnliches Leimkraut	30 cm weiß			✿	✿	✿	✿	✿				wintergrün
Melilotus officinalis Echter Steinklee	120 cm gelb				✿	✿	✿					zweijährig/kurzlebig
Vicia cracca Vogel-Wicke	100 cm blauviolett				✿	✿	✿					Halbschatten, Ranker
Dipsacus fullonum Wilde Karde	160 cm violett				✿	✿	✿					zweijährig, wintergrün
Campanula rapunculus Rapunzel-Glockenblume	50 cm blaulila				✿	✿	✿					zweijährig
Daucus carota Wilde Möhre	80 cm weiß				✿	✿	✿	✿				wintergrün
Anthemis tinctoria Färber-Hundskamille	50 cm gelb				✿	✿	✿	✿				wintergrün
Saponaria officinalis Echtes Seifenkraut	50 cm rosaweiß				✿	✿	✿	✿				Halbschatten
Leucanthemum vulgare Wiesen-Margerite	60 cm weiß				✿	✿	✿	✿	✿			wintergrün
Malva sylvestris Wilde Malve	100 cm purpurrot				✿	✿	✿	✿	✿			zweijährig, wintergrün
Epilobium angustifolium Schmalblättriges Weidenröschen	90 cm purpurot					✿	✿					
Tanacetum vulgare Rainfarn	80 cm gelb					✿	✿	✿				
Verbascum densiflorum Großblütige Königskerze	130 cm gelb					✿	✿	✿				zweijährig, wintergrün
Verbascum thapsus Kleinblütige Königskerze	150 cm gelb					✿	✿	✿				zweijährig, wintergrün
Cichorium intybus Wegwarte	120 cm hellblau					✿	✿	✿				zweijährig/kurzlebig
Onopordum acanthium Eselsdistel	300 cm purpurrot					✿	✿	✿				zweijährig

Arten, die in der Umgebung nur selten vorkommen, sollten, um eine Florenverfälschung zu vermeiden, immer in standortheimischer Qualität gepflanzt oder gesät werden. Spezielle Pflanzenlisten für Luxemburg bei www.insekten.lu/pl

Bunte Inseln im Pflastermeer: Einsaat niedriger Wildstauden ohne Substrataustausch

Klein, aber fein

Grünflächen sind mal groß und mal klein, gelegentlich auch einmal sehr klein. Das sind beispielsweise Baumscheiben, kleine Ecken im Straßenbegleitgrün oder andere Restflächen. Auch hier ist mehr möglich als langweiliger Rasen, Schotter oder einfach nur ein Hundeklo auf verdichtetem Boden. Nur hoch sollten die Pflanzen nicht werden, denn wenn sich die von den Pflanzen eingenommene Fläche durch Überhängen deutlich vergrößert, wird das oft als unangemessen empfunden. Zum Glück gibt es genügend einheimische Wildstauden und auch einige Wildgehölze, die schön niedrig bleiben. So können aus Restflächen kleine Wildblumeninseln werden, mal mit wenigen Arten in einer gut geplanten Farbzusammenstellung, mal bunt.

In der Sonne wachsen Hornklee, Hufeisenklee oder Johanniskraut. Im Schatten bedeckt beispielsweise die Gefleckte Taubnessel, die fast das ganze Jahr über blüht, zuverlässig den Boden.

Sorgfältige Vorbereitung ist bei der Anlage das A und O

Einsaaten von niedrigwachsenden Wildstauden sind nur möglich, wenn der Boden beikrautfrei und nicht zu nährstoffreich ist. Nur im Wurzelbereich von Bäumen sollte der Boden mit gütegesichertem Grünkompost verbessert werden. Wenn der Boden mit problematischen Besiedlern nährstoffreicher Böden, wie Acker-Winde, Acker-Kratzdistel oder Quecke, durchsetzt ist, sollte er erst durch regelmäßiges Mähen davon befreit oder die Vegetationstragschicht ausgetauscht werden (siehe Seite 27).

So wird's angelegt:

- Boden muss frei von Wurzelunkräutern sein.
- Feinkrümeliges Saatbett bereiten.
- Säen und anwalzen.
- Gegebenenfalls in den ersten Wochen bei Trockenheit wässern.
- Gegebenenfalls Schröpfschnitt (siehe Seite 31) nach fünf bis sieben Wochen.

Bodenvorbereitung und Einsaat werden wie ab Seite 19 beschrieben vorgenommen. Im Bereich von Baumwurzeln muss vorsichtig und von Hand gearbeitet werden, um die Bäume nicht zu beeinträchtigen.

Pflege entsprechend der Situation

Oft reicht ein einmaliger Schnitt Anfang Juni, um zu verhindern, dass unerwünschte Gehölze aufkommen. Freischneider töten viele Insekten und führen oft zu Schäden am Stammfuß von Bäumen oder an hochliegenden Wurzeln. Tier- und pflanzenschonender arbeitet eine Heckenschere, zum Beispiel an einer Teleskopstange. Wenn der Aufwuchs im Spätsommer zu hoch wird, muss noch einmal geschnitten werden.

Wenn möglich, sollten auch bei kleinen Flächen einige Bereiche von der Mahd ausgenommen werden, zum Beispiel indem einige ansehnliche Staudenstängel überjährig stehen bleiben dürfen.

Gemähte Flächen werden sich zu einem blumenwiesenartigen Bestand entwickeln. Es ist aber auch möglich, die Fläche so zu pflegen, dass sie wie ein Wildblumenbeet wirkt. Dann wird der Bewuchs durch Jäten von unerwünschtem Bewuchs, vor allem einwandernder Gräser, gelenkt. Rückschnitte werden individuell je nach Pflanzenart vorgenommen. Ein Teil der Pflanzen kann kurz vor oder kurz nach dem Blühbeginn zurückgeschnitten werden, damit im Spätsommer die Nachblüte das Beet schmückt. Die Pflegenden müssen dann, anders als bei der einfachen Mahd, die Arten erkennen können und über gärtnerische Kenntnisse verfügen oder entsprechend angeleitet und fortgebildet werden.

So wird's gepflegt:

- Ein- bis zweimal im Jahr mähen, nicht mulchen.
- Mahdgut möglichst auf der Fläche trocknen und erst dann abräumen.

Alternativ:

- Differenzierte Pflegeanleitung beauftragen.
- Pflege fachlich begleiten lassen (mindestens vier Pflegegänge pro Jahr).

Hornklee, Skabiosen-Flockenblumen oder Salbei am Straßenrand erfreuen beim Vorüberfahren. Durch gezielte Anlage und Pflege entstehen wiesenartige Flächen oder schöne Wildblumenbeete.

Konkurrenzstarke, niedrige Pflanzen am sonnigen Standort

Wissenschaftlicher Name Deutscher Name	Höhe Blütenfarbe	Jan.	Feb.	März	April	Mai	Juni	Juli	Aug.	Sept.	Okt.	Nov.	Bemerkung
Buglossoides purpurocaerulea Blauer Steinsame	50 cm tiefblau					✿	✿						Ausläufer
Silene vulgaris Gewöhnliches Leimkraut	30 cm weiß					✿	✿	✿	✿	✿			wintergrün
Trifolium medium Zickzack-Klee	50 cm rotviolett						✿	✿					
Lotus corniculatus Hornklee	20 cm gelb						✿	✿	✿				
Ballota nigra Schwarznessel	70 cm blassrosa						✿	✿	✿				
Geranium sanguineum Blut-Storchschnabel	30 cm rotpurpur						✿	✿	✿				Herbstfärbung
Anthemis tinctoria Färber-Hundskamille	50 cm gelb						✿	✿	✿	✿			wintergrün
Verbascum nigrum Schwarze Königskerze	100 cm gelb						✿	✿	✿	✿			
Agrimonia eupatoria Kleiner Odermennig	50 cm gelb						✿	✿	✿	✿			
Hypochaeris radicata Gewöhnliches Ferkelkraut	60 cm gelb						✿	✿	✿	✿			wintergrün
Prunella vulgaris Gewöhnliche Braunelle	15 cm blauviolett						✿	✿	✿	✿			wintergrün
Campanula rapunculoides Acker-Glockenblume	60 cm blauviolett						✿	✿	✿	✿			
Saponaria officinalis Echtes Seifenkraut	50 cm rosaweiß						✿	✿	✿	✿			
Leucanthemum vulgare Wiesen-Margerite	60 cm weiß						✿	✿	✿	✿	✿		wintergrün
Achillea millefolium Schafgarbe	50 cm weiß						✿	✿	✿	✿	✿		wintergrün
Linaria vulgaris Frauenflachs	60 cm gelb						✿	✿	✿	✿	✿		
Centaurea jacea Wiesen-Flockenblume	50 cm rotviolett						✿	✿	✿	✿	✿		
Hypericum perforatum Tüpfel-Johanniskraut	60 cm gelb							✿	✿				
Leontodon autumnalis Herbst-Löwenzahn	40 cm gelb							✿	✿	✿			wintergrün
Origanum vulgare Gewöhnlicher Dost	40 cm rosalila							✿	✿	✿			wintergrün

Arten, die in der Umgebung nur selten vorkommen, sollten, um eine Florenverfälschung zu vermeiden, immer in standortheimischer Qualität gepflanzt oder gesät werden. Spezielle Pflanzenlisten für Luxemburg bei www.insekten.lu/pl

Bunte Flächen und wenig Pflege: Einsaat niedriger Wildstauden mit Bodenaustausch

Schottern für die Vielfalt oder: je magerer, desto bunter

Je mehr Nährstoffe im Boden sind, desto stärker werden Gräser und wenige, schnellwachsende und ausbreitungsfreudige Wildstauden mit Pioniercharakter gefördert. Aus diesem Grund ist die Anreicherung unserer Umwelt mit Nährstoffen eine der wichtigsten Ursachen für den Verlust der biologischen Vielfalt. Das geht natürlich auch anders herum: Je magerer eine Fläche ist, desto bessere Chancen haben die Wildblumen und desto niedriger bleibt der Bewuchs. Damit ähneln solche Flächen dann eher einem Blumenbeet als einer Blumenwiese. Die Pflanzen werden hier auch durch Betreten der Flächen weniger geschädigt, als wenn sie auf normalem Boden wachsen. Wilde Blumen statt langweiliger Rasenflächen, das ist auf Magerstandorten auch bei wenig Pflege möglich. Deshalb eignen sich Magerstandorte besonders für Fahrbahnteiler und andere Flächen im Straßenbegleitgrün, aber auch in vielen anderen Situationen, bei denen ein nur mittelhoher biodiversitätsfördernder Bewuchs bei extensiver Pflege gewünscht wird.

Besonders gut eignen sich Flächen, die neu erstellt werden, denn ob nun sogenannter »Mutterboden« oder ein Natursteinschotter lokaler Herkunft auf einer Fläche aufgebracht wird, ist von den Kosten her kein großer Unterschied. Auch Flächen, die aufgrund von vorhandenen vitalen unerwünschten Beikräutern nicht in einen akzeptablen Pflegezustand gebracht werden können, eignen sich für eine solche Umgestaltung, da hier die Problemkräuter beim Bodenaustausch gleich mitentsorgt werden.

Anlage: Vor dem Bagger kommt die Information

Bei der Neuanlage von Fahrbahnteilern und Straßenbegleitgrün befindet sich im Untergrund oft noch Schotter vom Straßenbau. Hier wird auf den Untergrund einfach ein schöner lokaler Natursteinschotter oder Kiessand aufgebracht.

Wir pflanzen Bienen (Bild links) oder Schmetterlinge wie den Schachbrettfalter (Bild rechts) auf blütenreichen Magerstandorten.

Wichtig ist, dass das Material (und auch der Schotter im Untergrund) einen sogenannten Null-Anteil enthält, also zum Beispiel die Körnung 0/32 oder 0/45 eingebaut wird.

Bei Umwandlungen wird der vorhandene Boden in einer Tiefe von mindestens 30 cm abgetragen und dann der Natursteinschotter eingefüllt. Im Bereich der Bordsteine muss sorgfältig und gegebenenfalls von Hand nachgearbeitet werden, da sich die Wurzelausläufer von Quecken und anderen Wurzelunkräutern hier oft konzentrieren. Nach dem Schotterauftrag werden in die obere Schicht 5 – 40 l/m² gütegesicherter Grünkompost eingearbeitet. Anschließend wird wie auf Seite 29 beschrieben ausgesät. Ein Schröpfschnitt ist bei der Einsaat von Trockenstandorten nicht notwendig. Der Grünkompost dient nicht so sehr als Nährstoffquelle, sondern als Wasserspeicher und hält die Saat feucht. In Trockenregionen, zum Beispiel in Brandenburg, ist mehr Kompost nötig als im regenreichen Alpenraum, wo sich der Nährstoffgehalt eher negativ auswirkt.

So wird's angelegt:

- Gegebenenfalls verunkrauteten Boden mindestens 30 cm tief entfernen.
- Mineralische Vegetationstragschicht (Natursteinschotter 0/32 oder 0/16, Kiessand 0/32) einfüllen.
- 5 - 40 l/m² gütegesicherten Grünkompost aufbringen, einharken.
- Gegebenenfalls Initialpflanzung vornehmen, wässern (dabei Grünkompost oder lehmigen Boden unten in die Pflanzlöcher geben).
- Saatgut aufbringen, nicht einarbeiten.
- Anwalzen.
- Gegebenenfalls in den ersten sechs bis zehn Wochen bei Trockenheit wässern.

Wenn schon bald viele Blumen blühen sollen, werden auch einjährige Ackerwildkräuter wie Kornblumen und Kornraden ausgesät. Es ist aber auch möglich, einige Exemplare der ausgesäten dauerhaften Wildstaudenarten zusätzlich zu pflanzen (Initialpflanzung).

Da der Anblick des Schotters sehr ungewöhnlich ist und an die sterilen sogenannten »Schottergärten« oder »Gärten des Grauens« erinnert, ist es wichtig, Bürgerinnen und Bürger schon vor der Aktion über die Unterschiede zwischen einem naturfernen »Schotterbeet« und einem naturnahen Trockenstandort (siehe Seite 67) zu informieren und auch an der Fläche selbst Informationen zur Verfügung zu stellen.

Trockenstandorte sind pflegeleicht

Wenn am Anfang noch Acker-Kratzdisteln oder Quecken austreiben, deren Wurzeln unter den Bordsteinen nicht entfernt werden konnten, werden diese gezielt gejätet. Später reicht oft ein einmaliger Schnitt im Jahr, um zu verhindern, dass Gehölze aufkommen. Freischneider töten viele Insekten; tierschonender arbeitet eine Heckenschere, zum Beispiel an einer Teleskopstange, oder ein Balkenmäher. Der Zeitpunkt der Pflege und der zu mähende Teilbereich kann jedes Jahr anders gewählt werden, ein Schnitt Ende Mai/Anfang Juni fördert beispielsweise die Nachblüte.

So wird's gepflegt:

- Einmal im Jahr mähen, nicht mulchen.
- Mahdgut möglichst auf der Fläche trocknen und erst dann abräumen.

Alternativ:

- Differenzierte Pflegeanleitung beauftragen.
- Pflege fachlich begleiten lassen (mindestens vier Pflegegänge pro Jahr).

Wenn möglich, sollten auch bei kleinen Flächen einige Bereiche von der Mahd ausgenommen werden, zum Beispiel indem einige ansehnliche Staudenstängel überjährig stehen bleiben dürfen. Das Mahdgut wird von der Fläche entfernt, es kann in der Nähe in einer »wilden Ecke« aufgeschichtet werden.

Es ist aber auch möglich, die Fläche so zu pflegen, dass sie wie ein Wildstaudenbeet wirkt. Dann wird der Bewuchs durch Jäten gelenkt. Rückschnitte werden dann individuell je nach Pflanzenart vorgenommen, ein Teil der Pflanzen kann kurz vor oder kurz nach dem Blühbeginn zurückgeschnitten werden, damit im Spätsommer die Nachblüte das Beet schmückt. Die Pflegenden müssen die Arten erkennen können und über gärtnerische Kenntnisse verfügen oder entsprechend angeleitet und fortgebildet werden.

Niedrige Bepflanzung nach Bodenaustausch

Wissenschaftlicher Name Deutscher Name	Höhe Blütenfarbe	Jan.	Feb.	März	April	Mai	Juni	Juli	Aug.	Sept.	Okt.	Nov.	Dez.	Bemerkung
Potentilla verna Frühlings-Fingerkraut	5 cm gelb				✿	✿	✿							wintergrün
Primula veris Echte Schlüsselblume	20 cm dunkelgelb				✿	✿	✿							
Hippocrepis comosa Hufeisenklee	20 cm gelb					✿	✿	✿						wintergrün
Veronica teucrium Großer Ehrenpreis	30 cm blau					✿	✿	✿						
Consolida regalis Acker-Rittersporn	50 cm blau					✿	✿	✿	✿					einjährig, wintergrün
Salvia pratensis Wiesen-Salbei	50 cm blauviolett					✿	✿	✿	✿					
Reseda lutea Gelbe Resede	50 cm gelb					✿	✿	✿	✿	✿				zweijährig, wintergrün
Marrubium vulgare Gewöhnlicher Andorn	50 cm weiß						✿	✿	✿					
Legousia speculum-veneris Echter Frauenspiegel	20 cm blau						✿	✿	✿					einjährig
Veronica spicata Ähren-Ehrenpreis	30 cm blau						✿	✿	✿					wintergrün
Prunella grandiflora Großblütige Braunelle	20 cm hellviolett						✿	✿	✿					
Helianthemum nummularium Gewöhnliches Sonnenröschen	15 cm gelb						✿	✿	✿	✿				wintergrün
Galium verum Echtes Labkraut	50 cm gelb						✿	✿	✿	✿				
Dianthus carthusianorum Karthäuser-Nelke	50 cm purpurot						✿	✿	✿	✿				
Asperula cynanchica Hügel-Meier	15 cm rosa						✿	✿	✿	✿				
Petrorhagia saxifraga Felsennelke	20 cm rosaweiß						✿	✿	✿	✿				wintergrün
Campanula rotundifolia Rundblättrige Glockenblume	25 cm blauviolett						✿	✿	✿	✿	✿			wintergrün
Aster amellus Berg-Aster	40 cm blau							✿	✿	✿				
Scabiosa columbaria Tauben-Skabiose	40 cm blauviolett							✿	✿	✿	✿	✿		wintergrün
Galatella linosyris Gold-Aster	60 cm gelb								✿	✿				

Arten, die in der Umgebung nur selten vorkommen, sollten, um eine Florenverfälschung zu vermeiden, immer in standortheimischer Qualität gepflanzt oder gesät werden. Spezielle Pflanzenlisten für Luxemburg bei www.insekten.lu/pl

▲ Großer Ehrenpreis *(Veronica teucrium)*
◂ Echte Schlüsselblume *(Primula veris)*
▼ Gelbe Resede *(Reseda lutea)*

Alternative zum Einheitsteppich: Einsaat eines Blumenkräuterrasens (auch zum Spielen und Lagern)

Blüten trotz Rasenmäher: Rasen naturnah

Der perfekte Rasen, ein klinisch reiner, saftig grüner Grasteppich, ist nur mit viel Aufwand an Arbeit (Mähen), umweltbelastenden Stoffen (Dünger, Herbizide) und Ressourcenverbrauch (Energie, Wasser) zu verwirklichen. Wenn wir Kräuter im Rasen als Wildkräuter wahrnehmen, die die biologische Vielfalt fördern – und nicht als Unkräuter, die bekämpft werden müssen –, dann ist der Weg zum Blumenkräuterrasen nicht mehr weit. Artenarme Flächen werden aber nicht allein durch Verzicht auf Intensivpflege artenreicher, wenn in der Nähe ebenfalls nur artenarme Bestände vorhanden sind. Es lohnt sich also, die Umwandlung der Fläche anzugehen. Dann bietet sie alles, was normale Rasenflächen bieten sollen, mit einer belastbaren Narbe, auf der gespielt und gelagert werden kann, und zusätzlich schaffen wir einen Lebensraum für viele Tiere.

Der Hauhechelbläuling legt seine Eier gerne an Hornklee.

Blumenkräuterrasen entsprechen den mageren Weiderasen, die sehr artenreich sind und wo durch den Tritt der Weidetiere und das regelmäßige Abfressen eine belastbare Narbe entsteht.

Bei der Anlage hilft auch wenig schon eine Menge

Wie bei allen größeren offenen Flächen, die umgewandelt werden sollen, stellt sich die Frage, ob die gesamte Fläche umgebrochen und eingesät wird oder ob eine Teilumwandlung besser zu den vorhandenen Ressourcen passt. Zusätzlich oder auch als einzige Maßnahme können einzelne Arten mit einer Initialpflanzung angesiedelt werden.

Das richtige Saatgut ist entscheidend für den Erfolg. Es dürfen nur echte einheimische Wildkräuter und Wildgräser enthalten sein. Zuchtformen von Gräsern und landwirtschaftliche Nutzsorten von Wildarten (beispielsweise von Hornklee) sind viel zu konkurrenzstark und führen bald zu einer Verarmung der Flächen. Deshalb keinen sogenannten »Landschaftsrasen« verwenden.

Wenn die Ressourcen begrenzt sind, muss nicht die gesamte Fläche umgebrochen werden, es reicht oft, wenn Teilflächen neu eingesät werden. Diese sollten möglichst als Streifen über die gesamte Länge angelegt werden, die Breite sollte nicht unter 2 m liegen, kann aber auch breiter sein. Es ist sinnvoll, die Maße an die verwendeten Maschinen anzupassen. Flächen im Wurzelbereich von Bäumen sollten grundsätzlich von der Umwandlung ausgenommen werden, da sich die Wurzeln, die die Bäume mit Nährstoffen versorgen, in der obersten Bodenschicht befinden.

Der Boden wird wie ab Seite 19 beschrieben vorbereitet und eingesät. Am besten wird die Fläche nach dem Schröpfschnitt im ersten Jahr alle drei bis vier Wochen mit dem Rasenmäher kurzgehalten, so bilden die Kräuter kräftige Rosetten.

Zusätzlich zur Einsaat können einzelne Arten auch gepflanzt werden. Bei kleinen Flächen kann dies auch die einzige Maßnahme sein. Dafür werden kleinere Teilflächen in der Größe von ungefähr einem Quadratmeter von der Grasnarbe befreit und mit den erwünschten Kräuterarten in einer Dichte von 8 Stück/m² bepflanzt. Die Kräuter sollten bei einer Frühjahrspflanzung in den ersten Wochen gewässert werden. Nach dem ersten Standjahr kann die Initialpflanzung in die normale Pflege miteinbezogen werden.

So wird's angelegt:

- Vorhandenen Bestand entfernen oder durch Fräsen oder Grubbern stark stören.
- Gegebenenfalls Initialpflanzung (bis zu 8 Stück/m²) vornehmen, wässern.
- Saatgut aufbringen, nicht einarbeiten.
- Anwalzen.
- Gegebenenfalls feine Mulchschicht aus samenfreiem Grasschnitt, Heu oder Stroh aufbringen.
- Gegebenenfalls in den ersten sechs bis zehn Wochen bei Trockenheit wässern.
- Wenn der Boden von oben nicht mehr zu sehen ist, Schröpfschnitt vornehmen.
- Im ersten Jahr nach Bedarf Bestand durch Mahd kurzhalten.

Pflege: die Kunst des Mähens

Oft ist die Nutzung von Rasenflächen nicht gleichmäßig, weder räumlich noch zeitlich. In den Ferien und bei gutem Wetter ist sie viel intensiver als im Winter oder im nassen Frühjahr. Damit ähnelt auch die Nutzung von Blumenkräuterrasen den extensiven Weiden, denn auch dieser besonders artenreiche Lebensraum wird meist nur zeitweise genutzt. Und wo die Pflege den Auswirkungen einer Beweidung ähnelt, entsteht Lebensraum für besonders viele Tierarten. Es ist also gut, wenn es Zeiten oder Teilflächen gibt, wo nicht gemäht wird. Dann entstehen blühende Inseln, auch eine Form von »Pop-up-Beeten« (siehe Seite 58), nur dass sie nicht extra angelegt werden müssen, sondern durch Nichtstun entstehen. Hier kann der Fläche bei jedem Mahdgang ein neues, spannendes Gesicht gegeben werden. Kreative Planung oder Kreativität der Mitarbeitenden überraschen Bürgerinnen und Bürger jedes Jahr neu. In der Nähe von Gehölzen ist es sinnvoll, nur selten zu mähen und so »Puppenstuben« entstehen zu lassen. Das sind Bereiche, wo Insekten nicht nur Blüten besuchen dürfen, sondern Schmetterlinge und Käfer auch die Chance haben, aus ihren Puppen zu schlüpfen. Offene Bodenstellen sind ein wichtiger Lebensraum. Wenn sie nur kleinflächig vorhanden sind, sollten sie nicht nachgesät werden. Ansonsten kann immer dann und dort gemäht werden, wann und wo das notwendig ist.

Wiesen-Pippau

Wie sehr unsere Tiere auf Blumenkräuterrasen Lebensraum finden, hängt ganz entscheidend von der Pflege, insbesondere der Mahdtechnik ab: Sichelrasenmäher, Schlegel- und Mulchmäher, insbesondere solche mit Absaugung, machen aus blütenreichen Flächen eher eine Insektenfalle als einen Lebensraum, denn mit den Pflanzen werden auch die Tiere gehäckselt. Am besten werden die Flächen mit einem Spindelmäher oder, wenn der Bewuchs höher ist, mit einem Balkenmäher gemäht. Das Mahdgut sollte am besten auf der Fläche trocknen und, wenn überhaupt notwendig, erst später abgeräumt werden. Wenn ein Pflegegang nur wenig Schnittgut produziert, kann es auch auf der Fläche verbleiben. Die Bodentiere lassen es innerhalb weniger Tage wie von Geisterhand verschwinden, indem sie es in den Boden ziehen.

Gemäht wird nach Bedarf. Zumindest Teilflächen können erst nach der Margeritenblüte gemäht werden und auch bei den folgenden Mähgängen bleiben immer einige Inseln stehen, wo die Wildkräuter zur Blüte kommen können. Je nach Aufwuchs werden Blumenkräuterrasen vier bis achtmal im Jahr gemäht.

So wird's gepflegt:

- Flächen nach Bedarf mähen, Teilflächen von der Mahd ausnehmen.
- Mahdgut wenn möglich auf der Fläche trocknen und gegebenenfalls erst dann abräumen.

Pflanzen für den Blumenkräuterrasen

Wissenschaftlicher Name Deutscher Name	Höhe Blütenfarbe	Jan.	Feb.	März	April	Mai	Juni	Juli	Aug.	Sept.	Okt.	Nov.	Dez.	Bemerkung
Bellis perennis Gänseblümchen	15 cm weiß	✿	✿	✿	✿	✿	✿	✿	✿	✿	✿	✿		wintergrün
Primula veris Echte Schlüsselblume	20 cm dunkelgelb				✿	✿	✿							
Cardamine pratensis Wiesen-Schaumkraut	30 cm lilarosa				✿	✿	✿							wintergrün
Stellaria graminea Gras-Sternmiere	50 cm weiß					✿	✿	✿						
Ranunculus bulbosus Knolliger Hahnenfuß	25 cm gelb					✿	✿	✿						wintergrün
Veronica chamaedrys Gamander-Ehrenpreis	30 cm blau					✿	✿	✿						wintergrün
Ajuga reptans Kriechender Günsel	15 cm blau					✿	✿	✿	✿					wintergrün
Silene vulgaris Gewöhnliches Leimkraut	30 cm weiß					✿	✿	✿	✿	✿				wintergrün
Plantago media Mittlerer Wegerich	30 cm weißrosa					✿	✿	✿	✿	✿				wintergrün
Hieracium pilosella Kleines Habichtskraut	25 cm gelb					✿	✿	✿	✿	✿	✿			wintergrün
Lotus corniculatus Hornklee	20 cm gelb						✿	✿	✿					
Prunella vulgaris Gewöhnliche Braunelle	15 cm blauviolett						✿	✿	✿	✿				wintergrün
Dianthus deltoides Heide-Nelke	15 cm karminrot						✿	✿	✿	✿				wintergrün
Leucanthemum vulgare Wiesen-Margerite	60 cm weiß						✿	✿	✿	✿	✿			wintergrün
Achillea millefolium Schafgarbe	50 cm weiß						✿	✿	✿	✿	✿			wintergrün
Crepis capillaris Kleinköpfiger Pippau	90 cm gelb						✿	✿	✿	✿	✿			wintergrün
Leontodon hispidus Steifhaariger Löwenzahn	30 cm gelb(orange)						✿	✿	✿	✿	✿			
Leontodon autumnalis Herbst-Löwenzahn	40 cm gelb							✿	✿	✿				wintergrün
Origanum vulgare Gewöhnlicher Dost	40 cm rosalila							✿	✿	✿				wintergrün

Arten, die in der Umgebung nur selten vorkommen, sollten, um eine Florenverfälschung zu vermeiden, immer in standortheimischer Qualität gepflanzt oder gesät werden. Spezielle Pflanzenlisten für Luxemburg bei www.insekten.lu/pl

Traumhaft schön: die standortgerechte Blumenwiese

Die Pracht der wilden Blumen

Die Pracht einer Blumenwiese in Vollblüte ist unvergleichlich. Einmal angesät, wird sie mit den Jahren immer schöner, vorausgesetzt, es wurde das zum Nährstoffgehalt des Bodens passende Wildpflanzensaatgut verwendet und die Fläche wird richtig gepflegt. Blumenwiesen dürfen nicht betreten werden. Das ist in der Landschaft so und das darf in Dörfern und Städten nicht anders sein. Sie können also dort angelegt werden, wo die Flächen nicht anderweitig gebraucht werden. Im Grunde entsprechen sie großen, pflegeleichten Staudenbeeten.

Regelmäßig gemähte Wege durch die Wiese entwickeln eine belastbare Narbe und erschließen sie für die Bürgerinnen und Bürger. Durch Schrittverweigerer, wie Baumstämme, bogenförmig in den Boden gesteckte Äste oder Baustahlstangen kann verhindert werden, dass die Wiese selber dann doch betreten wird.

Jede Landschaft hat ihre eigenen Blumenwiesen, deren Aussehen durch das Klima und die Bodeneigenschaften geprägt wird. Licht, Wärme und Nährstoffarmut fördern generell den Artenreichtum einer Wiese. Je »schlechter« der Boden, desto bunter sind die Wiesen. Sie entstanden auf Flächen, wo Heu oder Einstreu gewonnen wurde, und bleiben nur dann erhalten, wenn diese Pflege weitergeführt wird. Im Zuge der landwirtschaftlichen Intensivierung sind bunte Blumenwiesen sehr selten geworden.

> ***Kurz erklärt: Schrittverweigerer***
> Baumstämme, niedrige Zäune oder andere Elemente, die signalisieren: Diese Fläche darf nicht betreten werden.

Das richtige Saatgut entscheidet über den Erfolg der Anlage

In der Saatgutmischung dürfen nur echte einheimische Wildkräuter und Wildgräser enthalten sein, die zu den Standortbedingungen passen. Zuchtformen von Gräsern und landwirtschaftliche Nutzsorten von Kräutern wie Hornklee sind viel zu konkurrenzstark und führen bald zu einer Verarmung der Flächen.

Wenn die Ressourcen begrenzt sind, muss nicht die gesamte Fläche umgebrochen werden. Es reicht oft, wenn nur einige Teilflächen neu eingesät werden. Diese sollten möglichst als Streifen über die gesamte Länge angelegt werden, die Breite sollte nicht unter 2 m liegen, kann aber auch breiter sein. Es ist sinnvoll, die Maße an die verwendeten Maschinen anzupassen. Flächen im Wurzelbereich von Bäumen, das sind der Bereich unter der Krone und ein Streifen von

2 m Breite um die Krone herum, sollten grundsätzlich von der Umwandlung ausgenommen werden, da die Wurzeln, die die Bäume mit Nährstoffen versorgen, sich in der obersten Bodenschicht befinden.

Der Boden wird wie ab Seite 19 beschrieben vorbereitet und eingesät. Auch bei Blumenwieseneinsaaten ist es am besten, wenn die Fläche im ersten Jahr alle drei bis vier Wochen mit dem Rasenmäher kurzgehalten wird, so bilden die Kräuter kräftige Rosetten.

Zusätzlich zur Einsaat können bei kleineren Flächen einzelne Arten auch gepflanzt werden. Bei sehr kleinen Rasenflächen, die in Blumenwiesen umgewandelt werden sollen, kann dies auch die einzige Maßnahme sein. Dafür werden kleinere Teilflächen in der Größe von ungefähr einem Quadratmeter von der Rasennarbe befreit und mit den erwünschten Kräuterarten in einer Dichte von 8 Stück/m^2 bepflanzt. Die Kräuter sollten bei einer Frühjahrspflanzung in den ersten Wochen gewässert werden. Nach dem ersten Standjahr wird die Pflege dann umgestellt und die Fläche wie eine Blumenwiese gepflegt.

So wird's angelegt:

- Vorhandenen Bestand entfernen oder durch Fräsen, Eggen oder Grubbern stark stören.
- Gegebenenfalls Initialpflanzung (8 Stück/m^2) vornehmen, wässern.
- Saatgut aufbringen, nicht einarbeiten.
- Anwalzen.
- Gegebenenfalls feine Mulchschicht aus samenfreiem Grasschnitt, Heu oder Stroh aufbringen.
- Gegebenenfalls in den ersten sechs bis zehn Wochen bei Trockenheit wässern.
- Wenn der Boden von oben nicht mehr zu sehen ist, Schröpfschnitt (siehe Seite 31) vornehmen.
- Im ersten Jahr nach Bedarf Bestand durch Mahd kurzhalten.

Heublumen durch traditionelle Pflege

Die Pflege der Blumenwiese sollte sich so weit wie möglich an der Pflege der traditionellen Heuwiesen orientieren. Nur der Verzicht auf das Betreten und die regelmäßige Mahd lassen die offene Narbe entstehen. Dies ist daran zu erkennen, dass nach der Mahd der Boden sichtbar wird. Die abgemähten Kräuter bilden durch die sogenannte »Notreife« Samen und diese Samen fallen dann beim Heumachen aus. Außerdem werden die Flächen durch das Entfernen des Mahdgutes jedes Mal ein bisschen ausgemagert – was den Blumen dann wieder bessere Chancen gibt.

Die Flächen werden also am besten zu den traditionellen Zeitpunkten gemäht: das erste Mal, wenn die Margeriten anfangen zu verblühen, und dann das zweite Mal, wenn der Bestand wieder knie- bis hüfthoch geworden ist. Bei nährstoffreichen Standorten muss im September/Oktober noch einmal gemäht werden, damit die Wiese kurz in den Winter geht. Bei sehr nährstoffreichen Böden fördert eine frühe Mahd im April die blühenden Kräuter, weil Gräser das nicht so gut vertragen. Diese frühe Mahd entspricht der traditionellen Vorweide.

Dann wird Heu gemacht, das Mahdgut wird also auf der Fläche getrocknet, wenn möglich, auch ganz traditionell geschwadet und gezettet (also abends zusammengerecht und morgens wieder ausgebreitet) und erst nach dem Trocknen abgeräumt. Die Mahd mit einem Balkenmäher in einer Höhe von mindestens 10 cm über dem Boden schädigt die Tiere am wenigsten. Noch wichtiger ist es aber, immer einige Flächen von der Mahd auszunehmen und erst beim nächsten Mal oder im nächsten Jahr wieder abzumähen. Es wird immer nur in Streifen von der einen zur anderen Seite oder von innen nach außen, nie in einer durchgehenden Spirale von außen nach innen gemäht, denn sonst entsteht in der Mitte der Fläche eine Todesfalle für die Tiere.

So wird's gepflegt:

- Fläche zwei- oder dreimal im Jahr mit Balkenmäher mähen, Teilflächen von der Mahd ausnehmen.
- Wenn möglich, traditionell schwaden und zetten, ersatzweise Mahdgut auf der Fläche trocknen lassen und erst nach einigen Tagen abräumen.

Pflanzen für die Blumenwiese

Wissenschaftlicher Name Deutscher Name	Höhe Blütenfarbe	Jan.	Feb.	März	April	Mai	Juni	Juli	Aug.	Sept.	Okt.	Nov.	Bemerkung
Cardamine pratensis Wiesen-Schaumkraut	30 cm lilarosa				✿	✿	✿						wintergrün
Silene dioica Rote Lichtnelke	80 cm rot				✿	✿	✿	✿	✿	✿			wintergrün
Bistorta officinalis Schlangen-Wiesenknöterich	80 cm rosa					✿	✿	✿					
Lychnis flos-cuculi Kuckucks-Lichtnelke	40 cm rosarot					✿	✿	✿					wintergrün
Anthriscus sylvestris Wiesen-Kerbel	90 cm weiß					✿	✿	✿	✿				
Silene vulgaris Gewöhnliches Leimkraut	30 cm weiß					✿	✿	✿	✿	✿			wintergrün
Ranunculus acris Scharfer Hahnenfuß	100 cm gelb					✿	✿	✿	✿	✿			
Lathyrus pratensis Wiesen-Platterbse	70 cm gelb						✿	✿	✿				
Lotus corniculatus Hornklee	20 cm gelb						✿	✿	✿				
Geranium sylvaticum Wald-Storchschnabel	50 cm rotblauviolett						✿	✿	✿				
Geranium pratense Wiesen-Storchschnabel	70 cm blauviolett						✿	✿	✿				schöne Herbstfärbung
Knautia arvensis Wiesen-Witwenblume	50 cm lila						✿	✿	✿				
Galium verum Echtes Labkraut	50 cm gelb						✿	✿	✿	✿			
Hypochaeris radicata Gewöhnliches Ferkelkraut	60 cm gelb						✿	✿	✿	✿			wintergrün
Prunella vulgaris Gewöhnliche Braunelle	15 cm blauviolett						✿	✿	✿	✿			wintergrün
Achillea millefolium Schafgarbe	50 cm weiß						✿	✿	✿	✿	✿		wintergrün
Leontodon hispidus Steifhaariger Löwenzahn	30 cm gelb(orange)						✿	✿	✿	✿	✿		
Centaurea jacea Wiesen-Flockenblume	50 cm rotviolett						✿	✿	✿	✿	✿		
Leucanthemum vulgare Wiesen-Margerite	60 cm weiß						✿	✿	✿	✿	✿	✿	wintergrün
Leontodon autumnalis Herbst-Löwenzahn	40 cm gelb							✿	✿	✿			wintergrün

Arten, die in der Umgebung nur selten vorkommen, sollten, um eine Florenverfälschung zu vermeiden, immer in standortheimischer Qualität gepflanzt oder gesät werden. Spezielle Pflanzenlisten für Luxemburg bei www.insekten.lu/pl

An den Rändern tobt das Leben: Einsaat einer Saummischung ohne Substrataustausch

Das Beste aus zwei Welten

Säume gibt es nicht nur am Rock oder an der Jacke. Auch dort, wo zwei verschiedene Landschaftselemente aneinander angrenzen, entstehen »Säume«. Säume sind Linien, die sich durch die Landschaft ziehen. Genauso wie Gehölz- oder Wasserflächen, können auch Wege und Zäune von Säumen begleitet werden. Die hohen Wildblumen und Gräser der Säume können sogar solo als »Wildblumenhecke« Räume bilden.

Säume bilden den sanften Übergang zwischen Feld und Hecke oder Feld und Wald, sie begleiten Bäche und Flüsse. Diese Flächen sind meist nicht in die Nutzung der beiden angrenzenden Flächen einbezogen. Hier wirtschaften weder Forst- noch Landwirte, es sind typische »Eh-da-Flächen«, auf den ersten Blick zu nichts nutze, aber genau deshalb oft die allerletzten Rückzugsflächen für die Natur. Zahlreiche Tiere der angrenzenden Lebensräume, oft Gehölz und Wiese, können den Saum in vielfacher Weise als Nahrungs- und Aufenthaltsraum nutzen, was zu der besonders hohen Biodiversität abwechslungsreich gestalteter Saum-Lebensräume führt. Wenn wir verstehen, was wir hier ernten können – nämlich Biodiversität –, dann hören wir auf, diese Flächen als »Gestrüpp» zu betrachten, das »endlich mal wieder runtergemulcht werden muss«.

So wird's angelegt:

- Vorhandenen Bestand entfernen oder durch Fräsen oder Grubbern stark stören.
- Gegebenenfalls Initialpflanzung (1 - 6 Stück/m^2) vornehmen, wässern.
- Saatgut aufbringen, nicht einarbeiten.
- Anwalzen.
- Gegebenenfalls feine Mulchschicht aus samenfreiem Grasschnitt, Heu oder Stroh aufbringen.
- Gegebenenfalls in den ersten sechs bis zehn Wochen bei Trockenheit wässern.
- Wenn der Boden von oben nicht mehr zu sehen ist, nach fünf bis sieben Wochen Schröpfschnitt (siehe Seite 31) vornehmen.

Anlage: das Saatgut passend zum Standort wählen

Ein Boden ohne unerwünschte Pflanzen wie Quecken oder Acker-Winden und das richtige Saatgut sind entscheidend für den Erfolg. Es dürfen nur echte einheimische Wildkräuter und Wildgräser enthalten sein, die zu den Standortbedingungen passen.

Bodenvorbereitung und Einsaat erfolgen wie ab Seite 19 beschrieben.

Säume bilden auch zwischen Gebäuden und Wegen schöne Übergänge.

Fachleute können erkennen, ob zu viele Melden, Gänsedisteln und Co. auflaufen und die Aussaat zu stark verschattet wird. In diesem Fall sollte nach fünf bis sieben Wochen ein Schröpfschnitt vorgenommen und das Mahdgut vorsichtig abgerecht und entsorgt werden.

Zusätzlich zur Einsaat können einzelne Arten auch gepflanzt werden. Bei sehr kleinen Flächen, die an Rasenflächen angrenzen und in Wildblumensäume umgewandelt werden sollen, kann dies auch die einzige Maßnahme sein.

Nur halb so viel Arbeit bei der Pflege

Weil in Säumen so viele Tiere leben, wäre es eigentlich naheliegend, hier gar nicht zu mähen. Aber dann würden Gehölzsämlinge aufkommen und aus dem Saum würde ein Wald oder eine Hecke. Mit dem Saum verschwänden auch viele Tiere, die auf ihn angewiesen sind. Gepflegt muss also werden, aber wie geht das, ohne die vielen Tiere zu schädigen?

Die Lösung lautet: Die Fläche wird zwar in jedem Jahr einmal gemäht, aber jeweils nur die Hälfte. In der nicht geschnittenen Hälfte können alle Puppen schlüpfen. Freischneider töten besonders viele Insekten und führen oft zu Schäden am Stammfuß von Bäumen oder an hochliegenden Wurzeln. Tier- und pflanzenschonender arbeitet eine Heckenschere, zum Beispiel an einer Teleskopstange. Das Mahdgut wird am besten auf der Fläche getrocknet und erst nach einigen Tagen abgeräumt. Bei Heckensäumen kann es auch zwischen den Gehölzen aufgehäuft werden. Dann gibt es dort gleich einen weiteren Lebensraum und das eine oder andere Tierchen wird auch dort überleben. Kleinere Flächen können alternativ auch von kenntnisreichen Fachleuten von Hand gejätet werden, was schöne Pflanzenbilder ermöglicht und dann fast schon einen staudenbeetartigen Eindruck schafft. Auf jeden Fall müssen die Flächen regelmäßig auf das Einwandern von invasiven Neophyten kontrolliert werden, da diese sich in selten gemähten Flächen leicht ausbreiten können.

So wird's gepflegt:

- In jedem Jahr die Hälfte der Fläche mit dem Balkenmäher oder einer Heckenschere am Teleskoparm mähen.
- Mahdgut auf der Fläche trocknen lassen und erst nach einigen Tagen abräumen.

Ein Wildblumensaum grenzt wie eine kleine Hecke die dahinter liegende Fläche ab.

Pflanzen für Säume auf nährstoffreichem Boden

Wissenschaftlicher Name Deutscher Name	Höhe Blütenfarbe	Jan.	Feb.	März	April	Mai	Juni	Juli	Aug.	Sept.	Okt.	Nov.	Bemerkung
Silene dioica Rote Lichtnelke	80 cm rot				✿	✿	✿	✿	✿	✿			wintergrün
Isatis tinctoria Färber-Waid	140 cm gelb					✿	✿	✿					zweijährig
Barbarea vulgaris Echte Winterkresse	90 cm gelb					✿	✿	✿					wintergrün
Echium vulgare Gewöhnlicher Natternkopf	70 cm blau					✿	✿	✿					zweijährig, wintergrün
Symphytum officinale Gewöhnlicher Beinwell	40 cm rotviolett					✿	✿	✿					
Valeriana officinalis Arznei-Baldrian	150 cm rosaweiß					✿	✿	✿	✿				
Ajuga reptans Kriechender Günsel	15 cm blau					✿	✿	✿	✿				wintergrün
Papaver rhoeas Klatsch-Mohn	80 cm rot					✿	✿	✿	✿	✿			
Agrostemma githago Gewöhnliche Kornrade	100 cm rosa						✿	✿					wintergrün, einjährig, giftig
Filipendula ulmaria Echtes Mädesüß	100 cm weiß						✿	✿	✿				
Solanum dulcamara Bittersüßer Nachtschatten	200 cm violett						✿	✿	✿				Spreizklimmer, giftig
Vicia cracca Vogel-Wicke	100 cm blauviolett						✿	✿	✿				Ranker
Daucus carota Wilde Möhre	80 cm weiß						✿	✿	✿	✿			wintergrün
Reseda luteola Färber-Wau	120 cm gelb						✿	✿	✿	✿			wintergrün
Saponaria officinalis Echtes Seifenkraut	50 cm rosaweiß						✿	✿	✿	✿			
Stachys sylvatica Wald-Ziest	70 cm violett						✿	✿	✿	✿			
Epilobium angustifolium Schmalblättriges Weidenröschen	90 cm purpurrot							✿	✿				
Tanacetum vulgare Rainfarn	80 cm gelb							✿	✿	✿			
Mentha longifolia Ross-Minze	80 cm lilarosa							✿	✿	✿			
Eupatorium cannabinum Gewöhnlicher Wasserdost	120 cm rosa							✿	✿	✿			

Arten, die in der Umgebung nur selten vorkommen, sollten, um eine Florenverfälschung zu vermeiden, immer in standortheimischer Qualität gepflanzt oder gesät werden. Spezielle Pflanzenlisten für Luxemburg bei www.insekten.lu/pl

Vor der Erfindung des Rasenmähers wurden größere Parkrasen durch Beweidung gepflegt. Heute wird diese besonders biodiversitätsfördernde Pflege wiederentdeckt. Wenn Schafe und Rinder »mähen«, fällt kein Schnittgut an, das mühsam entsorgt werden muss.

Besser Schafe als Mulcher: Beweidung zur Erhöhung der Biodiversität

Erhöhung der biologischen Vielfalt durch Weidetiere

Unsere traditionelle halboffene Kulturlandschaft mit ihrer harmonischen Mischung aus Wiesen und Weiden, frei stehenden mächtigen Bäumen und Strauchgruppen hat sich durch die Haltung von Kühen, Pferden, Eseln, Ziegen, Schweinen und Schafen entwickelt und wurde durch die Haltung der Tiere erhalten. Wir lieben Tiere, vor allem unsere Haustiere. Spendenaufrufe von Tierschutzvereinen, denen es um gute Lebensbedingungen unserer Haus- und Nutztiere geht, erreichen eine viel größere Resonanz, als wenn es um Naturschutz geht. Auch wenn es den einen oder anderen Nachbarn gibt, der sich über die Lautäußerungen von Tieren beschwert, sind Gehege mit Nutztieren ein beliebtes Ausflugsziel, vor allem für Familien mit Kindern. Es spricht also kaum etwas dagegen, dort, wo es möglich ist, Heckenscheren und Mulchmäher durch die besten Landschaftspfleger, die es gibt, zu ersetzen: weidende Tiere.

Als es noch gemeinsam bewirtschaftete Allmendweiden gab, also bis vor 200 Jahren, waren die Felder von Hecken und Zäunen umgeben und das Vieh wurde frei auf den Weiden gehütet, auf denen vereinzelt Bäume und Strauchgruppen standen. Zu dieser Zeit war die biologische Vielfalt in Europa besonders hoch. Bis in die Mitte des vorigen Jahrhunderts war aber auch innerstädtische Viehhaltung noch üblich. Weidende Tiere auf innerstädtischen Wiesen waren ein normales Bild. Heute wird Beweidung als ideale Pflege von großen innerstädtischen Grünflächen wiederentdeckt.

Einem weidenden Schaf können Insekten und andere Tiere leicht ausweichen, selbst bodenbrütende Vögel schaffen es oft, die großen Pflanzenfresser um ihre Nester herumzulenken. Aber weidende Nutztiere zerstören nicht nur viel weniger als Maschinen, sie versorgen über ihre immer auch unvollständige Verdauung ganze Nahrungsnetze mit Futter, zum Beispiel die vielen Insekten, die für den Abbau von Kuhfladen und Schafskötteln zuständig sind. Beim Weidegang wird ein Teil der Pflanzen in den Boden eingetreten, der Abbau der Ausscheidungen sorgt ebenfalls dafür, dass die Reste der Pflanzen zum Aufbau von Dauerhumus beitragen. Böden extensiver Weiden sind deshalb oft hervorragende Kohlenstoffspeicher! Weidetiere lassen immer auch das eine oder andere stehen, das sind dann »Puppenstuben«, wo die Insektenlarven, die sich in oder an den Stängeln entwickelt haben, schlüpfen können. Auf Weiden entsteht außerdem durch Trittsiegel und Stellen, an denen die Tiere sich wälzen, offener Boden, auf den Wildbienen und andere Rohbodenbesiedler als Lebensraum angewiesen sind.

Ja, wo laufen sie denn?

Eine extensive Beweidung ist also eine Pflegemaßnahme, die die biologische Vielfalt besonders gut fördert. Nach der Pflege stehen die Flächen dann wieder ihrem eigentlichen Zweck zur Verfügung: Parks können wieder betreten und genutzt werden, der Tag der offenen Tür der Firma auf dem Rasen stattfinden, das Gemeindefest auf der Kirchenwiese gefeiert werden. Ob und wo dies möglich ist, muss mit den ansässigen Tierhaltern geprüft werden. Wenn es in der Nähe eine gehütete Schafherde gibt, dann ist dieser Betrieb der erste Ansprechpartner. Die Flächen müssen nur groß genug sein, damit es nicht zur Gefährdung von Tier und Mensch, zum Beispiel an Verkehrswegen, kommt. Aber die Tiere sind dann unter Aufsicht und gut geschützt und können so gelenkt werden, dass ein optimales Pflegeergebnis entsteht. Alternativ können die Flächen mit Elektrozäunen eingepfercht werden. Da die Tiere dann unbeaufsichtigt sind, kann es zu Konflikten mit frei laufenden Hunden oder auch Menschen kommen, die die Tiere erschrecken und gegebenenfalls durch die Zäune scheuchen. Für diesen Ansatz kommen große historische Parks oder Friedhöfe, aber auch ungenutzte Flächen in Gewerbegebieten in Frage. Es gibt sogar erste Experimente mit Beweidung von Dachbegrünungen.

So wird's angelegt:

- Beweidung zusammen mit Landwirt planen.
- Trasse für Elektrozaun freischneiden.
- Bevölkerung informieren.

Pflege: Der Weg ist das Ziel

Zeitpunkt und Häufigkeit der Beweidung sollten von einer fachkundigen Person in enger Zusammenarbeit mit dem landwirtschaftlichen Betrieb geplant werden. Bei historisch artenreichen und eher mageren Flächen reichen ein bis zwei Nutzungen im Jahr. Strauchgruppen, die aus gestalterischen Gründen oder um Vogelbruten zu schützen, ausgezäunt werden müssen, werden ebenfalls gemeinsam bestimmt. Wenn die Flächen nährstoffreich und von Gräsern dominiert sind, dann ist eine frühe Beweidung im April/Mai sehr vorteilhaft, da dies die Wuchskraft der Gräser, aber nicht der blühenden Wildkräuter hemmt.

So wird's gepflegt:

- Gegebenenfalls Trasse für Elektrozaun dauerhaft frei halten.

Naturschutz im Kopf: wilde Ecken wertschätzen

Natur wachsen lassen

Wege und Plätze müssen dauerhaft und sicher nutzbar sein. Auf feuchtem Laub kann man ausrutschen, über von Wurzeln angehobene Beläge stolpern. Deshalb werden solche Flächen in der Regel von Bewuchs frei gehalten. Aber müssen sie deshalb auch biologisch tot sein? Neben der Möglichkeit, ganz bewusst bestimmte ästhetisch ansprechende Wildpflanzen einzubringen, kann man nicht nur auf Wegen und Plätzen, sondern auch in »wilden Ecken« einfach die Pflanzen dulden, die sich spontan ansiedeln, wenn dadurch die sichere Nutzung nicht beeinträchtigt wird. Und weil dort, wo die Flächen stark genutzt werden, der Bewuchs meist keine Chance hat, stellt diese Spontanvegetation in der Regel auch keine Gefahr dar. Es geht also darum, einer Pflanze, die es schafft, in dem unwirtlichen Lebensraum »Stadt« zu wachsen, mit Interesse und Wohlwollen zu begegnen und sie nicht als lästiges oder gar böses Unkraut wahrzunehmen.

Was ist eigentlich ein unerwünschtes Beikraut oder »Unkraut«? Es ist eine Pflanze, die sich spontan angesiedelt hat und die Funktion der Fläche beeinträchtigen würde, wenn sie dort weiterwächst. Im Ackerbau sind das alle Pflanzen, die den Ertrag mindern, vor allem die Arten, die besonders gut und schnell auf nährstoffreichen, gestörten Böden wachsen, wie Acker-Kratzdisteln, Acker-Winden, Acker-Schachtelhalm, Quecken, aber auch einjährige Pflanzen wie Gänsedisteln, Klatsch-Mohn oder Kornblumen, Kornrade, Acker-Rittersporn oder Saatwucherblume. Gerade die letztgenannten einjährigen Ackerbeikräuter sind inzwischen selten geworden. Viele Menschen freuen sich, wenn sie im öffentlichen Grün angesiedelt werden. »Unkraut« zu sein, ist also keine angeborene Eigenschaft einer Pflanze, sondern von der Situation abhängig. Wenn die Sichtweise sich ändert, kann aus »Unkraut« ein geduldetes oder auch ein erwünschtes »Kraut« werden.

Viele der weit verbreiteten Pflanzen sind ein wichtiger Lebensraum für Insekten, gerade weil sie so weit verbreitet sind. Das gilt nicht nur für die Brennnessel, von der sich die Raupen von 15 Schmetterlingsarten ernähren, an Löwenzahn finden sich die Raupen von 63 Schmetterlingsarten, beim Acker-Senf sind es fünf. Auch Wildbienen fliegen auf solche Pflanzen, der Löwenzahn ist Pollenquelle für 71 Arten, der Acker-Senf für 66 Arten und die Acker-Gänsedistel für neun Arten. Da kann man sich ja wirklich fragen, warum der Löwenzahn am Wegrand stört, wo er auch noch so schöne große gelbe Blüten hat?

Anlage durch Nichtstun!

Spontanvegetation kommt von alleine. Allerdings werden sich immer nur die Arten ansiedeln können, die in der Nähe vorkommen oder deren Samen noch im Boden schlummern. Ob der entstehende Bewuchs gefällt, ist dann eine Frage der Wertschätzung durch die Bürgerinnen und Bürger, und wie er sich entwickelt, eine Frage der Pflege.

So wird's angelegt:

- Flächen, die von der Pflege ausgenommen werden, am besten gemeinsam mit Bürgerinnen und Bürgern identifizieren.

Wald oder kein Wald, das ist bei der Pflege die Frage

Wenn eine Fläche überhaupt nicht gepflegt wird, dann entsteht über kurz oder lang bei uns in Mitteleuropa Gebüsch und in weiterer Folge ein Wald. Sofern dies nicht gewünscht ist, müssen auch wilde Ecken gepflegt werden. Mit Fachleuten sollte überlegt werden, ob der entstehende Lebensraum eher der Vegetation auf und an Felsen (siehe Seite 100), auf Magerrasen (siehe Seite 93) oder an Säumen (siehe Seite 80) ähneln soll, und es wird dann wie dort beschrieben gepflegt. Wenn Spontanvegetation geduldet wird, siedeln sich hin und wieder invasive Neophyten an, also Arten, die die biologische Vielfalt schädigen. Diese müssen konsequent gejätet werden.

So wird's gepflegt:

- Verkehrssicherheitskontrolle durchführen.
- Invasive Neophyten und aufkommende Gehölze jäten.

Ans nächste Jahr denken: Frühblüher pflanzen

Die Frühjahrsüberraschung

Gerade war doch noch Winter und jetzt ist alles knallbunt! Wenn Geophyten, also »Zwiebelblumen«, auf öffentlichen Flächen angepflanzt werden, verbreitet das unweigerlich Freude. Nach einer Weile sind die Pflanzen verblüht und auch vergessen und sorgen dann – wenn die dauerhafte Ansiedlung gelingt – im nächsten Jahr wieder für einen Wow-Effekt. »Zwiebelblumen« sind ein vorgezogener, zusätzlicher Blühaspekt, der allen nicht befestigten Flächen hinzugefügt werden kann, ohne den geplanten Pflanzenbestand der mehrjährigen, heimischen Wildpflanzen zu beeinflussen.

In Laubwäldern finden wir heimische Geophyten, wo sie mithilfe von unterirdischen Nährstoffspeichern ihre Vegetationszeit in die Zeit legen, in der die Bäume noch kahl sind und es deshalb mehr Licht gibt, z. B. Märzenbecher, Busch-Windröschen oder Bärlauch. Die meisten Zwiebelblumen für sonnige Standorte stammen aber ursprünglich aus dem Mittelmeerraum, Balkan und West- und Zentralasien, wo sie die sommerliche Trockenheit oder die winterliche Kälte durch die Ruheperiode unter der Erde überstehen. Für magere, trockene Standorte gibt es deshalb zahlreiche geeignete Arten.

Insekten, die als erwachsenes Tier überwintern und nicht in einem Larvenstadium, brauchen direkt nach dem Aufwachen Futter. Da sind die ersten Frühblüher entscheidend zum Überleben. Natürlich gibt es eigentlich genügend früh blühende Stauden, wie Gefleckte Taubnessel, Schlüsselblumen, Nieswurz oder Leberblümchen. Wo die aber rar sind, können auch gebietsfremde, nicht heimische Zwiebelblumen eine wichtige zusätzliche Nahrungsquelle für Hummelköniginnen und früh fliegende Mauerbienen sein. Die Geophyten ziehen vor dem Austrieb der meisten heimischen Wildstauden wieder in den Boden ein, ohne diesen den Platz streitig zu machen. Insbesondere Blaustern-Arten wie Sibirischer Blaustern *(Scilla sibirica)* oder Traubenhyazinthen und Wildtulpen werden von einigen

Dolden-Milchstern
(Ornithogalum umbellatum)

Wildbienenarten besucht, für Hummeln sind Krokusse und Wildnarzissen wichtige Nektarspender. Wichtig ist, nicht nur mit diesen Arten Schaubeete anzulegen, sondern auch einheimische früh blühende Arten in die Gestaltung von Grünflächen zu integrieren, denn nur dann hat auch die Vielzahl der pflanzenfressenden Insektenarten, zum Beispiel die Schmetterlingsraupen, etwas zu futtern. Im Sinne der Nachhaltigkeit sind auch bei den gebietsfremden Frühblühern robuste Arten zu wählen, die sich am spezifischen Standort mehrjährig zeigen. Sie dürfen nur innerhalb des Siedlungsgebietes verwendet werden, um Florenverfälschungen in naturnahen Flächen außerhalb der Besiedlung zu vermeiden.

Anlage: Viel hilft viel

Frühblüher sind dann besonders beeindruckend, wenn sie in großen Massen vorkommen. Man kann also entweder einige Exemplare pflanzen und warten, bis sie sich selber vermehrt haben, oder es werden viele Zwiebeln (bis zu 20 Stück/m^2) gesetzt und der Effekt ist sofort da. Nicht alle Zwiebelblumen überleben die erste Blüte, es kann also sein, dass es ein einmaliges Blütenfeuerwerk bleibt, aber mit guter Planung und robusten Wildarten sind dauerhafte Ansiedlungen möglich. Statt jede Zwiebel einzeln zu pflanzen, können sie bei der Neuanlage auch vor dem Aufbringen der Vegetationstragschicht ausgelegt werden (mit der Triebspitze nach oben). Eine weitere Möglichkeit besteht darin, Teilflächen zum Beispiel mit einer Rasenschälmaschine in angemessener Tiefe abzuschälen. Dann werden die Zwiebeln ausgelegt und die Soden wieder angedeckt. Die notwendige Bodenüberdeckung beträgt bei den meisten Arten das Dreifache des Durchmessers der Zwiebel oder Knolle.

So wird's angelegt:

- Zwiebeln und Knollen im September/Oktober einpflanzen.
- Gegebenenfalls auf abgeschälte Rasenflächen legen und wieder abdecken.

Die Pflanzen vertragen keine Bodenverdichtung. Es ist also wichtig, nur solche Flächen zu bepflanzen, die nicht stark zum Spielen oder Lagern genutzt werden.

Pflege: einziehen lassen

Damit die Zwiebelpflanzen genügend Speicherstoffe für das nächste Jahr einlagern können, dürfen sie nicht vor dem Vergilben oder Einziehen der Blätter abgemäht werden.

Frühblüher (auch nicht heimische Arten)

Wissenschaftlicher Name Deutscher Name	Höhe Blütenfarbe	Jan.	Feb.	März	April	Mai	Juni	Juli	Aug.	Sept.	Okt.	Bemerkung
Galanthus nivalis Kleines Schneeglöckchen	20 cm weiß		✿	✿								Schatten/ Halbschatten
Eranthis hyemalis Winterling	10 cm gelb		✿	✿								Schatten/ Halbschatten; giftig
Crocus tommasinianus Elfen-Krokus	10 cm lila		✿	✿								
Leucojum vernum Märzenbecher	20 cm weiß		✿	✿	✿							Schatten/ Halbschatten
Anemone blanda Reizendes Windröschen	25 cm blau			✿								
Narcissus pseudonarcissus Gelbe Narzisse	20 cm gelb			✿	✿							
Scilla bifolia Zweiblättriger Blaustern	15 cm blauviolett			✿	✿							Schatten/ Halbschatten
Erythronium dens-canis Hundszahn	10 cm karminrosa			✿	✿							Schatten/ Halbschatten
Anemone nemorosa Busch-Windröschen	15 cm weiß			✿	✿	✿						Schatten/ Halbschatten
Corydalis solida Finger-Lerchensporn	20 cm rosalila			✿	✿	✿						Schatten/ Halbschatten
Corydalis cava Hohler Lerchensporn	30 cm rosalila			✿	✿	✿						Schatten/ Halbschatten
Ornithogalum nutans Nickender Milchstern	25 cm weiß				✿	✿						feucht
Ornithogalum umbellatum Dolden-Milchstern	30 cm weiß				✿	✿						feucht
Narcissus poeticus Dichter-Narzisse	50 cm weiß-gelb				✿	✿						
Tulipa tarda Tarda-Tulpe	25 cm gelb-weiß				✿	✿						trocken, sonnig
Gagea lutea Wald-Goldstern	30 cm gelb				✿	✿						Schatten/ Halbschatten
Hyacinthoides non-scripta Atlantisches Hasenglöckchen	30 cm himmelblau				✿	✿						Halbschatten
Muscari botryoides Kleine Traubenhyazinthe	15 cm blau				✿	✿						trocken, sonnig
Fritillaria meleagris Schachblume	30 cm rotpurpur-weiß				✿	✿						feucht
Muscari neglectum Weinbergs-Traubenhyazinthe	20 cm blau-weiß				✿	✿						trocken, sonnig

Arten, die in der Umgebung nur selten vorkommen, sollten, um eine Florenverfälschung zu vermeiden, immer in standortheimischer Qualität gepflanzt oder gesät werden. Spezielle Pflanzenlisten für Luxemburg bei www.insekten.lu/pl

Blütenreich und pflegeleicht: Blumenschotterrasen

Funktionsflächen als Lebensräume

Der naturnahe Tausendsassa: Wildblumenschotterrasen auf Wegen und Plätzen

Viel Lebensraum für wenig Pflege

Bunter Rasen statt Asphalt oder Beton – beim Wildblumenschotterrasen zeigen sich wie in einem Brennglas die Vorteile naturnaher Gestaltungen. Sie zeichnen sich ja dadurch aus, dass auch Funktionsflächen so gebaut werden, dass durch die Ansiedlung einheimischer Wildpflanzen die Biodiversität gefördert wird. Dadurch entstehen begrünte Flächen, die zur Abkühlung des Kleinklimas beitragen statt zur weiteren Überhitzung, wie das die konventionellen Alternativen tun. Die krautigen Pflanzen bleiben sogar in Hitzeperioden grün und manche Arten blühen auch in Jahrhundertsommern unbeeindruckt weiter. Wildblumenschotterrasen sind arten- und strukturreich, da sich der Bewuchs an den Nutzungsdruck anpasst. Dort, wo die Flächen stärker genutzt werden, bleibt der Bewuchs niedrig und schütter, dort, wo wenig belastet wird, wachsen die Pflanzen höher. Die Flächen eignen sich deshalb für Bereiche mit geringem gestalterischen Anspruch oder für Flächen, wo eine wilde Buntheit der Farben und Strukturen erwünscht ist. Insbesondere in Parks und auf Spielgeländen für Kinder, aber auch auf Parkplätzen, Feuerwehrzufahrten und anderen untergeordneten befestigten Bereichen ist der Blumenschotterrasen eine wunderbare Möglichkeit, Flächen klima-und biodiversitätsfördernd zu befestigen.

Die mageren, gut durchwärmten und blütenreichen Flächen sind aber auch perfekte Lebensräume für viele Pflanzen- und Tierarten der Magerrasen, gerade auch weil der Bewuchs so schwach wächst, dass kaum gemäht werden muss. Neben den Sitzgelegenheiten oder den Autoreifen werden also Hauhechelbläulinge und andere Schmetterlinge gaukeln und Wildbienen über Thymianrasen summen. Und wenn am Rand der Flächen trockene Staudenstängel nicht abgemäht werden, sondern stehen bleiben dürfen, dann finden auch Wildbienen und Scheinbockkäfer ein Zuhause für ihre Nachkommen.

Eine begrünte wassergebundene Wegedecke anlegen

Informelle Wege und Plätze sowie mäßig frequentierte Flächen für den ruhenden Verkehr werden entsprechend den Anforderungen an die zu erwartenden Belastungen mit einer wassergebundenen Wegedecke befestigt, die dann mit speziellem Wildpflanzensaatgut eingesät wird.

Wie bei allen wassergebundenen Wegen ist es natürlich auch hier wichtig, dass das Wasser kapillar aufsteigen kann, das Material also einen Null-Anteil enthält. Frostschutz- und Tragschichten werden so dick eingebaut, wie es die Nutzung erfordert.

Als Deckschicht ohne Bindemittel hat sich Kalkschotter bewährt, zum Beispiel in der Körnung 0/32, gegebenenfalls auch 0/22 (mit Mindestdicken von 10 cm für 0/32 und von 7 cm für 0/22). Kalkschotter hat den Vorteil, dass er latent hydraulisch ist und etwas abbindet. Es können aber auch andere lokale Steinsorten, wie Granitbruch, eingebaut werden. Alle Schichten, auch das Planum des Untergrundes, werden im geplanten Gefälle bis zur geforderten Tragfähigkeit verdichtet. Das Gefälle sollte mindestens 1,5 Prozent, besser 2,5 Prozent betragen, Neigungen über 5 Prozent sind zu vermeiden, da dann Erosionserscheinungen auftreten können.

Nach dem Vorverdichten der Deckschicht wird diese oberflächlich wieder aufgeraut, bei kleinen Flächen geschieht das meistens händisch mit Spitzhacke oder Eisenrechen, ansonsten bieten sich Wegefräsen, Kreiseleggen oder Federzinken-Egalisierer an, die sonst bei der Pflege von wassergebundenen Wegedecken eingesetzt werden.

Danach wird, je nachdem, welche Bewuchsdichte erwünscht ist, gütegesicherter Grünkompost (5 – 30 l/m²) aufgebracht und eingeharkt. Der Kompost soll die Vegetationstragschicht nicht dauerhaft verbessern, er dient nur als Saatbett, das am Anfang die Feuchtigkeit hält und etwas Nährstoffe bereitstellt.

So wird's angelegt:

- Wassergebundene Wegedecke erstellen, Gesamtaufbauhöhe entsprechend der zu erwartenden Belastung, Tragschicht aus Natursteinschotter (0/45).
- Tragdeckschicht aus Natursteinschotter (0/22 oder 0/32) einbauen, vorverdichten.
- Oberfläche aufrauen und gütegesicherten Grünkompost (5 - 30 l/m²) einharken.
- Saatgut (1 - 6 g/ m²) aufbringen.
- Verdichten mit einer Walze.
- Feucht halten für sechs bis acht Wochen fördert das Keimen.

Die Menge des Wildpflanzensaatgutes ist gering, je nach Mischung 1 – 6 g/m^2, denn die Samen der meisten Wildpflanzen sind sehr fein. Zum Aussäen wird das Saatgut deshalb mit einem Saathelfer gestreckt. Bei der Aussaat von Hand hat sich leicht feuchter Sand bewährt. Dabei wird die Fläche zweimal mit je einer Hälfte der Mischung kreuzweise eingesät. So hat man beim zweiten Gang noch die Möglichkeit, Unregelmäßigkeiten zu korrigieren. Auf dem dunklen Kompost ist der helle Sand gut zu sehen und so können Lücken gut geschlossen werden.

Erst nach der Aussaat wird die Fläche dann noch einmal gründlich verdichtet, am besten mit einer Walze. Wer das zum ersten Mal macht, kann sich nicht vorstellen, dass die Samen das unbeschädigt überstehen, aber gerade weil sie so klein sind, bleiben sie intakt und keimen nach ein paar Wochen unbeeindruckt.

Es ist auch möglich, ohne Grünkompost zu arbeiten, also auf die fertig verdichtete Fläche zu säen, anzuwalzen und dann dünn mit feinem Einkornkies (4/8 oder 8/16) abzustreuen. Auch eine nachträgliche Einsaat von solchen wassergebundenen Wegen mit Oberflächenveredelung ist möglich.

Pflege? Nicht unbedingt nötig

Fast alle Pflanzen, die auf einem Blumenschotterrasen wachsen – sei es mit Absicht eingebracht, sei es spontan angesiedelt –, sind erwünscht. Baumsämlinge, die problematisch wären, haben hier keine Chance. Insofern ist Pflege eigentlich nicht nötig. Manchmal siedelt sich zu Beginn Weiß-Klee an, der durch seine stickstoffsammelnde Eigenschaft die Hungerspezialisten verdrängt und zu einer Humusanreicherung führt. Es wird selektiv gejätet. Ebenfalls sollte, um Humusanreicherung zu vermeiden, das Falllaub entfernt werden. Wenn höherer Bewuchs auf ungenutzten Teilflächen nicht geduldet werden soll, kann die Fläche einmal im Jahr gemäht werden, am besten mit einem Balkenmäher oder einer Heckenschere an der Teleskopstange, so bleiben die Tierverluste so niedrig wie möglich. Das Mahdgut wird am besten auf der Fläche getrocknet und erst nach einigen Tagen abgeräumt.

So wird's gepflegt:

- Gegebenenfalls Weiß-Klee jäten.
- Nach Bedarf einmal im Jahr mähen.
- Mahdgut wenn möglich auf der Fläche trocknen und erst nach einigen Tagen abräumen.
- Gegebenenfalls Falllaub im Herbst vorsichtig abrechen.

Pflanzen für den Blumenschotterrasen

Wissenschaftlicher Name Deutscher Name	Höhe Blütenfarbe	Feb.	März	April	Mai	Juni	Juli	Aug.	Sept.	Okt.	Nov.	Dez.	Bemerkung
Potentilla verna Frühlings-Fingerkraut	10 cm gelb			✿	✿	✿							wintergrün
Silene vulgaris Gewöhnliches Leimkraut	30 cm weiß				✿	✿	✿	✿					wintergrün
Lotus corniculatus Hornklee	30 cm gelb				✿	✿	✿	✿					
Hieracium pilosella Kleines Habichtskraut	25 cm gelb				✿	✿	✿	✿	✿	✿			wintergrün
Sedum acre Scharfer Mauerpfeffer	10 cm gelb					✿	✿						wintergrün
Sedum album Weiße Fetthenne	10 cm weiß					✿	✿	✿					
Galium verum Echtes Labkraut	50 cm gelb					✿	✿	✿					
Potentilla argentea Silber-Fingerkraut	10 cm gelb					✿	✿	✿					
Prunella grandiflora Großblütige Braunelle	20 cm hellviolett					✿	✿	✿					
Salvia pratensis Wiesen-Salbei	50 cm violett					✿	✿	✿					
Dianthus carthusianorum Karthäuser-Nelke	50 cm purpurrot					✿	✿	✿					wintergrün
Petrorhagia saxifraga Felsennelke	20 cm rosaweiß					✿	✿	✿					wintergrün
Trifolium arvense Hasen-Klee	20 cm weißrosa					✿	✿	✿					wintergrün, einjährig
Helianthemum nummularium Gewöhnliches Sonnenröschen	15 cm gelb					✿	✿	✿	✿				wintergrün
Achillea millefolium Schafgarbe	50 cm weiß					✿	✿	✿	✿	✿			wintergrün
Campanula rotundifolia Rundblättrige Glockenblume	30 cm blauviolett					✿	✿	✿	✿	✿			wintergrün
Thymus serpyllum Sand-Thymian	10 cm rosapurpur					✿	✿	✿	✿	✿			wintergrün
Thymus pulegioides Arznei-Thymian	30 cm rosapurpur					✿	✿	✿	✿	✿			wintergrün
Leontodon autumnalis Herbst-Löwenzahn	40 cm gelb						✿	✿	✿				wintergrün
Origanum vulgare Gewöhnlicher Dost	40 cm rosalila						✿	✿	✿				wintergrün

Arten, die in der Umgebung nur selten vorkommen, sollten, um eine Florenverfälschung zu vermeiden, immer in standortheimischer Qualität gepflanzt oder gesät werden. Spezielle Pflanzenlisten für Luxemburg bei www.insekten.lu/pl

Grüne Wege: Pflaster- und Plattenbeläge mit Fugeneinsaat

Grün wird weniger heiß

Die Klimakrise wird uns immer höhere Sommertemperaturen bescheren. Besonders auf gepflasterten und asphaltierten Plätzen wird die brütende Hitze dann unerträglich. Neben Schattenbäumen (siehe Seite 48) kann der Wildblumenschotterrasen (siehe Seite 93) Abhilfe schaffen. Oft ist es aber notwendig, doch mit Pflaster oder Platten zu befestigen, zum Beispiel, weil im Winter die Möglichkeit bestehen soll, Schnee mit Fahrzeugen zu räumen oder weil der feldwegartige Eindruck von befahrenen Blumenschotterrasen nicht erwünscht ist. Gepflastert und doch begrünt – das war vor der Erfindung von Fugenverguss und Herbiziden auch kaum zu verhindern. Insbesondere historische Großpflaster haben weite Fugen, die gut zu begrünen sind. Sie wurden früher oft mit großformatigen Platten und engfugigen kleineren Pflasterformaten kombiniert. So können wunderschöne Pflasterflächen gestaltet werden. Inzwischen werden auch Betonpflaster mit Aussparungen oder abgerundeten Ecken angeboten, die ähnlich verwendet werden können. Für untergeordnete Flächen stehen Rasengittersteine zur Verfügung. So versickert ein erheblicher Teil des Regenwassers auf der Fläche selbst, das dann in Hitzeperioden wieder über die Pflanzen verdunsten kann.

Begrünte Pflasterflächen sind nährstoffarm und liegen oft in der Sonne, manchmal aber auch im Schatten großer Gebäude. Das sind Standorte, wie sie in Felswänden oder im Geröll am Fuß der Felsen vorkommen. Nährstoffarme Standorte sind in unserer Landschaft sehr selten geworden. Wir können also so etwas Naturfernes wie ein Pflaster, wenn es gebaut werden muss, doch zu einem interessanten Lebensraum gestalten.

Anlage: Fugen begrünen

Für begrünte Pflaster- und Plattenbeläge werden als Frostschutz- und Tragschicht sowie Bettung der Steine nur Materialien mit sogenanntem Null-Anteil verwendet. So kann Wasser in Trockenzeiten kapillar aufsteigen. Man kann die Flächen der Selbstbegrünung überlassen. Meist kommen in der Umgebung aber nicht mehr die Spezialisten der trockenen mageren Standorte vor und die Fugen werden von Allerweltspflanzen wie Rispengras, Löwenzahn oder Breitwegerich besiedelt. Das Ergebnis wird viel ansprechender, wenn besonders schöne Magerrasenpflanzen eingesät werden. Dafür wird beim letzten Einfegen der Fugen das Fugenmaterial im Verhältnis 1:1 mit gütegesichertem Grünkompost und dem Saatgut (etwa 1 g/m² Fugenfläche – nicht Pflasterfläche) vermischt und eingefegt. Dabei wird nicht bis zur Oberkante der Pflasterfläche eingefegt, sondern etwa 1 cm tiefer. Dann sind die Pflanzen vor dem Tritt geschützt und die Fuge verdichtet sich auch nicht. Solch eine Einsaat kann auch nachträglich vorgenommen werden, wenn noch Platz in den Ritzen ist (oder geschaffen wird) und wenn der Unterbau nicht kapillarbrechend ist.

So wird's angelegt:

- Befestigte Fläche gemäß Planung herstellen, Deckschicht erlaubt Begrünung z. B. durch ausreichend breite, nicht versiegelte Fugen.
- Beim letzten Einfegen das Fugenmaterial mit gütegesichertem Grünkompost (Verhältnis 1:1) und Saatgut mischen, einfegen.

Pflege durch Füße und Räder

Noch mehr als beim Wildblumenschotterrasen werden diese Flächen durch Benutzung, also durch die Füße und Räder der Nutzenden, gepflegt. Mähen ist nur notwendig, wenn höher werdende Staudenstängel stören. Falls sich doch einmal Gehölzsämlinge wie Birken oder Sal-Weiden ansiedeln, sollten diese in einem frühen Stadium gejätet werden. Gehölze können, im Gegensatz zu den weichen Wurzeln der Gräser und Kräuter, durch das Dickenwachstum der verholzten Wurzeln Pflasterbeläge verschieben.

So wird's gepflegt:

- Gegebenenfalls Weiß-Klee und aufkommende Gehölze jäten.
- Falls notwendig, zu hohe Pflanzen mähen.
- Mahdgut wenn möglich auf der Fläche trocknen und erst nach einigen Tagen abräumen.
- Gegebenenfalls Falllaub im Herbst abrechen.

Pflanzen für die Pflasterfuge

Wissenschaftlicher Name Deutscher Name	Höhe Blütenfarbe	Jan.	Feb.	März	April	Mai	Juni	Juli	Aug.	Sept.	Okt.	Nov.	Bemerkung
Bellis perennis Gänseblümchen	15 cm weiß	✿	✿	✿	✿	✿	✿	✿	✿	✿	✿	✿	wintergrün
Draba verna Frühlings-Hungerblümchen	10 cm weiß			✿	✿	✿							wintergrün
Potentilla arenaria Sand-Fingerkraut	15 cm gelb			✿	✿	✿							wintergrün
Potentilla verna Frühlings-Fingerkraut	5 cm gelb				✿	✿	✿						wintergrün, Kalk
Hippocrepis comosa Hufeisenklee	20 cm gelb					✿	✿	✿					wintergrün, Kalk
Thymus praecox Frühblühender Thymian	5 cm rosa					✿	✿	✿					wintergrün, Kalk
Hieracium pilosella Kleines Habichtskraut	25 cm gelb					✿	✿	✿	✿	✿	✿		wintergrün
Sedum album Weiße Fetthenne	10 cm weiß						✿	✿	✿				wintergrün
Sagina subulata Pfriemen-Mastkraut	3 cm weiß						✿	✿	✿				wintergrün
Sedum sexangulare Milder Mauerpfeffer	8 cm gelb						✿	✿	✿				wintergrün
Sedum acre Scharfer Mauerpfeffer	8 cm gelb						✿	✿	✿				wintergrün
Potentilla argentea Silber-Fingerkraut	10 cm gelb						✿	✿	✿				
Thymus serpyllum Sand-Thymian	10 cm rosapurpur						✿	✿	✿				wintergrün
Helianthemum nummularium Gewöhnliches Sonnenröschen	15 cm gelb						✿	✿	✿	✿			wintergrün
Dianthus deltoides Heide-Nelke	15 cm karminrot						✿	✿	✿	✿			wintergrün
Campanula rotundifolia Rundblättrige Glockenblume	25 cm blauviolett						✿	✿	✿	✿	✿		wintergrün
Thymus pulegioides Arznei-Thymian	30 cm rosapurpur						✿	✿	✿	✿	✿		wintergrün
Teucrium chamaedrys Edel-Gamander	25 cm hellviolett							✿	✿				wintergrün, Kalk

Arten, die in der Umgebung nur selten vorkommen, sollten, um eine Florenverfälschung zu vermeiden, immer in standortheimischer Qualität gepflanzt oder gesät werden. Spezielle Pflanzenlisten für Luxemburg bei www.insekten.lu/pl

Der Tiermagnet: Trockenmauer als Lebensraum und Gestaltungselement

Naturgucken unvermeidlich und erwünscht

Mauern stellen sich in den Weg und sind deshalb auch für den unaufmerksamen, in irgendeinem elektronischen Gerät versunkenen Passanten nicht zu übersehen, ein typischer »Hingucker«. Sie ziehen sich wie gezeichnete Linien durch die Fläche, grenzen Bereiche mit unterschiedlichen Funktionen oder Besitzern voneinander ab und fangen Höhenunterschiede ab. Gleichzeitig bieten sie eine vertikale Fläche, die als Lebensraum für Pflanzen und Tiere gestaltet, ganz entspannt und ohne Bücken betrachtet werden kann. Die vielfältigen Farben der lokalen Natursteine und das interessante Fugenbild einer gekonnt gesetzten Trockenmauer tragen zum Reiz dieses anspruchsvollen Gestaltungselements bei.

Faustregeln Trockenmauerbau:

1. Fundament aus Natursteinschotter herstellen und verdichten, mindestens 30 cm tief und vorne und hinten 10 cm über Vorder- und Hinterkante hinausragend.
2. Mauer aufrichten, Tiefe entspricht den statischen Anforderungen, Hintermauerung ist kraftschlüssig und entsprechend den Fugenregeln eingebunden, Anlauf 10 % (in 1 m Höhe weicht sie 10 cm von der Vertikalen ab).
3. Fugenregeln beachten: keine Kreuzfugen und durchgehenden Stoßfugen, Überbindung mindestens 10 cm oder ein Drittel der Steinlänge.
4. Deck- und Ecksteine sind besonders groß und schwer, dadurch liegen Decksteine vandalismussicher.
5. Hinterfüllung aus Schotter bis hinter den Deckstein, parallel zum Aufbau verdichten.
6. Bepflanzung während des Aufbaus mit »einmauern«, in Pflanztasche Schotter mit Grünkompost mischen, gut angießen.
7. Das Lager von Sedimentgestein liegt parallel zur Lagerfuge.
8. Jeden dritten Stein als Binder einbauen (Längsrichtung quer zur Mauer).

Unerlässlich für den ökologischen Wert ist eine Bepflanzung mit den wunderschönen Hungerkünstlern der Felsbiotope, z. B. mit Fetter Henne und Hauswurz, damit die Insekten auch etwas zu futtern haben. Wer mag, kann einzelne Steine als Sonnenbalkon vorragen lassen, Niststeine und -hölzer für Insekten integrieren und Höhlungen für Kleintiere einbauen. Viele der Tierwohnungen, die für Hausmauern angeboten werden, können auch in Trockenmauern eingebaut werden. Vertiefungen in großen Decksteinen können als Insekten- und Vogeltränken dienen.

Um die Umweltbelastung möglichst gering zu halten, verwenden wir Natursteine aus regionalen Vorkommen oder – noch besser – wiederverwendetes Material. Auch große und frostfeste Beton-Kunststeine wie Bordsteine können von erfahrenen Firmen in Trockenmauern integriert werden und ergeben spannende Mauerbilder.

Anlage: zwischen Bauklotzbauen und Kunsthandwerk

Im Grunde haben wir alle das Aufrichten von Trockenmauern im Kleinkindalter beim Bauen von Bauklotztürmen gelernt. Dass Kreuzfugen und durchgehende Stoßfugen eine Mauer instabil machen, ist unmittelbar einsichtig. Trockenmauern zu bauen, können alle lernen – eine schöne Möglichkeit für Mitmachprojekte. Besonders schöne und elegante Trockenmauern entstehen, wenn sie von Spezialisten aufgerichtet werden, die die Technik beherrschen, Steine gut bearbeiten und schöne Fugenbilder entstehen lassen. Wichtig ist, dass alle Mauersteine kraftschlüssig verbunden sind und das Gesamtbauwerk schwerer ist als die Kräfte, die darauf einwirken. An den »losen Enden«, also unten, an den Seiten und oben, werden besonders schwere Steine eingebaut. Auch im Mauerwerk sind längere stabilisierende Bindersteine notwendig, die längere Seite wird rechtwinklig zur Ansichtsseite gesetzt. Eine Schotterschicht, als Fundament und Hinterfüllung, hält alle Mauersteine vom Kontakt mit bindiger Erde fern. Denn Erde, die Wasser enthält, dehnt sich im Frost aus und das zerstört Trockenmauern über kurz oder lang.

Nur kurze Kontrollgänge bei der Pflege notwendig

Wenn eine Trockenmauer bautechnisch richtig gebaut ist, kann sie Tausende von Jahren überdauern. Die Pflege beschränkt sich darauf, Gehölze (dazu gehört auch Efeu!) zu entfernen, da das Dickenwachstum von Stämmen und Wurzeln das Einzige ist, was Steine verschieben kann.

So wird's gepflegt:

- Gegebenenfalls aufkommende Gehölze und überhandnehmende Vegetation jäten.
- Mauer kontrollieren, ob sich Steine gelockert haben, diese Bereiche dann neu setzen.

Pflanzen für die Trockenmauer an sonnigem und schattigem Standort

Wissenschaftlicher Name Deutscher Name	Höhe Blütenfarbe	Feb.	März	April	Mai	Juni	Juli	Aug.	Sept.	Okt.	Nov.	Bemerkung
Alyssum montanum Berg-Steinkraut	30 cm gelb		✿	✿	✿							wintergrün
Potentilla arenaria Sand-Fingerkraut	15 cm gelb		✿	✿	✿							wintergrün
Euphorbia cyparissias Zypressen-Wolfsmilch	30 cm gelbgrün			✿	✿							giftig
Potentilla verna Frühlings-Fingerkraut	5 cm gelb			✿	✿	✿						
Ajuga genevensis Heide-Günsel	30 cm blau			✿	✿	✿						Kalk
Draba aizoides Immergrünes Felsenblümchen	10 cm gelb			✿	✿	✿	✿	✿				
Globularia bisnagarica Gewöhnliche Kugelblume	30 cm blauviolett				✿	✿						wintergrün, Kalk
Dianthus gratianopolitanus Pfingst-Nelke	20 cm rosa				✿	✿						
Hippocrepis comosa Hufeisenklee	20 cm gelb				✿	✿	✿					
Thymus praecox Frühblühender Thymian	5 cm rosa				✿	✿	✿					
Silene nutans Nickendes Leimkraut	60 cm weiß				✿	✿	✿	✿				
Hieracium pilosella Kleines Habichtskraut	25 cm gelb				✿	✿	✿	✿	✿	✿		wintergrün
Sedum album Weiße Fetthenne	10 cm weiß					✿	✿	✿				
Sedum rupestre Felsen-Fetthenne	15 cm gelb					✿	✿	✿				
Sedum sexangulare Milder Mauerpfeffer	8 cm gelb					✿	✿	✿				wintergrün
Potentilla argentea Silber-Fingerkraut	10 cm gelb					✿	✿	✿				
Prunella grandiflora Großblütige Braunelle	20 cm hellviolett					✿	✿	✿				Kalk
Teucrium chamaedrys Edel-Gamander	25 cm hellviolett					✿	✿	✿				
Geranium sanguineum Blut-Storchschnabel	30 cm rotpurpur					✿	✿	✿				
Thymus serpyllum Sand-Thymian	10 cm rosapurpur					✿	✿	✿				wintergrün

Wissenschaftlicher Name Deutscher Name	Höhe Blütenfarbe	Feb.	März	April	Mai	Juni	Juli	Aug.	Sept.	Okt.	Nov.	Bemerkung
Helianthemum nummularium Gewöhnliches Sonnenröschen	15 cm gelb	■	■	■	■	✿	✿	✿	✿	■	■	wintergrün
Acinos arvensis Feld-Steinquendel	30 cm lila	■	■	■	■	✿	✿	✿	✿	■	■	wintergrün
Asperula cynanchica Hügel-Meier	15 cm rosa	■	■	■	■	✿	✿	✿	✿	■	■	Kalk
Dianthus deltoides Heide-Nelke	15 cm karminrot	■	■	■	■	✿	✿	✿	✿	■	■	wintergrün
Campanula rotundifolia Rundblättrige Glockenblume	25 cm blauviolett	■	■	■	■	✿	✿	✿	✿	✿	■	wintergrün
Thymus pulegioides Arznei-Thymian	30 cm rosapurpur	■	■	■	■	✿	✿	✿	✿	✿	■	wintergrün
Teucrium montanum Berg-Gamander	20 cm blassgelb	■	■	■	■	■	✿	✿	✿	■	■	
Sempervivum tectorum Dach-Hauswurz	30 cm rosarot	■	■	■	■	■	✿	✿	✿	■	■	wintergrün
Im Schatten: Farne												
Asplenium adiantum-nigrum Schwarzstieliger Streifenfarn	25 cm	■	■	■	■	■	■	■	■	■	■	wintergrün
Asplenium ceterach Schriftfarn	10 cm	■	■	■	■	■	■	■	■	■	■	
Asplenium ruta-muraria Mauerraute	5 cm	■	■	■	■	■	■	■	■	■	■	
Asplenium trichomanes Braunstieliger Streifenfarn	10 cm	■	■	■	■	■	■	■	■	■	■	
Asplenium scolopendrium Hirschzunge	35 cm	■	■	■	■	■	■	■	■	■	■	
Cystopteris fragilis Zerbrechlicher Blasenfarn	30 cm	■	■	■	■	■	■	■	■	■	■	Kalk
Gymnocarpium dryopteris Eichenfarn	30 cm	■	■	■	■	■	■	■	■	■	■	feuchter Standort
Gymnocarpium robertianum Ruprechtsfarn	25 cm	■	■	■	■	■	■	■	■	■	■	Kalk
Polypodium vulgare Engelsüß	25 cm	■	■	■	■	■	■	■	■	■	■	wintergrün
Polystichum aculeatum Dorniger Schildfarn	80 cm	■	■	■	■	■	■	■	■	■	■	wintergrün

Arten, die in der Umgebung nur selten vorkommen, sollten, um eine Florenverfälschung zu vermeiden, immer in standortheimischer Qualität gepflanzt oder gesät werden. Spezielle Pflanzenlisten für Luxemburg bei www.insekten.lu/pl

Hoch hinaus: Dachbegrünungen

Grüne Mützen für einen kühlen Kopf

Die Klimakrise beschert uns immer öfter Hitzeperioden mit tropischen Nächten. Gleichzeitig gibt es vermehrt Starkregenereignisse, bei denen Straßen überschwemmt werden und Keller volllaufen. Leider werden deshalb immer noch Abwasserkanäle vergrößert oder Abschlagskanäle für Bäche gebaut, um Hochwasser vorzubeugen. Dabei könnte das Problem Nr. 2, der Starkregen, uns dabei helfen, die Auswirkungen des Problems Nr. 1, der Hitzeperioden, abzumildern. Wenn Wasser verdunstet, sinkt die Temperatur der unmittelbaren Umgebung. Pflanzen müssen oberirdisch Wasser verdunsten, damit der Strom der Nährsalze von den Wurzeln in die Blätter funktioniert. Pflanzen kühlen also ihre Umgebung. Versiegelte Flächen, seien es asphaltierte Straßen und Plätze, besonnte Häuserwände oder Dächer, heizen dagegen ihre Umgebung auf. Begrünte Dächer versorgen unsere Häuser mit einer kühlenden Mütze. Vor allem bei den riesigen gewerblichen Gebäuden besteht ein großes Potenzial. Natürlich muss die Konstruktion des Gebäudes das zusätzliche Gewicht tragen können, deshalb sind nachträgliche Begrünungen von den zumeist in Leichtbauweise errichteten Gebäuden nur in Ausnahmefällen und wenn, dann auch nur mit sehr

geringen Schichtdicken möglich. Aber bei Neubauten sollten möglichst alle Dächer als Gründächer geplant werden.

Natürlich kühlen Dächer nur solange, wie auf ihnen noch Feuchtigkeit vorhanden ist. Je dicker die Mütze ist (je höher das Pflanzensubstrat aufgetragen werden kann), desto länger funktioniert diese Klimaanlage. Eigentlich müssen Gründächer ja nicht gewässert werden, denn die Dachbegrünungspflanzen sind Trocken- und Hungerkünstler, aber in der Klimakrise kann es sinnvoll sein, in Zisternen aufgefangenes Regenwasser für eine Bewässerung der Dachbegrünungen zu verwenden, damit die Kühlungswirkung der Dächer in Hitzeperioden länger erhalten wird. Trinkwasser sollte aber wegen der angespannten Grundwassersituation unter unseren Städten nicht zur Bewässerung verwendet werden.

Übrigens erhöht eine Dachbegrünung durch ihre Kühlwirkung auch den Stromertrag einer Photovoltaik-Anlage und der Schatten der Installation schafft ein zusätzliches Kleinklima und damit noch mehr Lebensraum für Pflanzen und Tiere.

Anlage: vom grünen Dach zum Biodiversitätsdach

Es gibt verschiedene bewährte Systeme, Dächer zu begrünen. Aus Umweltschutzgründen ist es sinnvoll, Systeme zu verwenden, die mit möglichst wenig Kunststoff auskommen. Besonders sinnvoll sind Einschicht-Extensivbegrünungen aus rein mineralischen Substraten. Diese werden direkt auf der mit Vlies geschützten, wurzelfesten Dachdichtung aufgebracht, bei größeren Flächen aus dem Silowagen direkt aufgeblasen. So steht die gesamte Aufbauhöhe den Pflanzenwurzeln zur Verfügung. Denn je höher die Substrathöhe ist, desto mehr Pflanzenarten können auf dem Dach gedeihen, und jede weitere Pflanzenart bringt mehr biologische Vielfalt.

Eine extensive Dachbegrünung entspricht einem extremen Trockenstandort. Bis zu einer Substratdicke von 15 cm gedeihen nur wenige Arten, vor allem die verschiedenen Mauerpfeffer, Thymian und Hauswurz. Ab 15 cm Schichtstärke steht fast die gesamte artenreiche Palette an Wildpflanzen für Trockenstandorte zur Verfügung. Wenn diese Schichtstärke aufgrund der fehlenden Tragfähigkeit der Dachkonstruktion nur punktuell im Bereich von Stützen eingebracht

So wird's angelegt:

- Dachbegrünung von spezialisierten Fachleuten planen und erstellen lassen.
- Einheimische Arten möglichst standortheimischer Herkunft verwenden.
- Verschiedene Kleinklimata schaffen durch Aufhügelungen, Steinhaufen, Lebensraumholz, temporäre Wasserflächen (mit Tragwerksplanung abstimmen).

werden kann, sollte diese Chance genutzt werden. Dort, wo Lava und Bims nicht regional vorkommen, kann auch eine 7 bis 15 cm dicke Drainageschicht aus Betonkies (0/32) ohne trennendes Vlies mit komposthaltigen Dachbegrünungssubstraten auf Ziegelbasis in wechselnden Höhen überfüllt werden. Dies ist ein filterstabiler und trotzdem durchwurzelbarer Aufbau, der allerdings – bei gleicher Höhe – mehr Gewicht aufs Dach bringt.

Noch mehr Tiere können hier einen Lebensraum finden, wenn es verschiedene Kleinklimata und Rückzugsräume gibt. Je nach Tragfähigkeit der Unterkonstruktion können auf Substrat-Aufhügelungen auch kleinere Gehölze gepflanzt werden. Steinhaufen (zum Beispiel aus leichten Lava-Steinen) und Asthaufen schaffen schattige Rückzugsräume. Äste und Stammstücke bieten holzabbauenden Organismen Lebensraum. Temporäre Wasserflächen werden nach Regenfällen von Vögeln zum Baden und Trinken genutzt und versorgen auch Insekten mit Wasser. Sandlinsen dienen Vögeln ebenfalls als »Bad«, nämlich für das gefiederreinigende Sandbad, und bieten der einen oder anderen Insektenart, die auf Rohboden angewiesen ist, Lebensraum.

So wird's gepflegt:

- Einmal im Jahr Entwässerungseinrichtungen prüfen und Gehölzsämlinge jäten.

Begrünte Dächer sind so ein Ersatzlebensraum für einige Arten der in der Landschaft immer seltener werdenden Magerrasen. Deshalb ist es besonders wichtig, hier nur echte einheimische Wildpflanzen, vorzugsweise aus standortheimischer Herkunft, zu verwenden. Besonders vorteilhaft ist die Verwendung von Rechgut lokaler Magerrasen (wenn das zur Verfügung steht), da so auch Pilze, Moose, Flechten und die eine oder andere nicht flugfähige Tierart angesiedelt werden können. Es sollte darauf geachtet werden, dass Sedum-Sprossenmischungen keine asiatischen Phedimus-Arten enthalten, da diese sich invasiv verhalten, insbesondere *Phedimus spurius*, die Kaukasus-Asienfetthenne. Gräser sind mit Bedacht einzusetzen, sie sind auf Dächern oft sehr konkurrenzstark.

Pflege: ein Kontrollgang im Jahr muss sein

Die extremen Verhältnisse auf einer extensiven Dachbegrünung sind gute Pflegehelfer, deshalb ist hier nur ein Kontrollgang im Jahr notwendig. Der darf aber nicht vergessen werden: Aufkommende Gehölze sollten unbedingt sofort herausgezogen werden, sonst können sie den Gesamterfolg gefährden. Zusätzlich wird die Funktionsfähigkeit der technischen Einrichtungen, vor allem der Entwässerung, kontrolliert.

Pflanzen für die Dachbegrünung

Wissenschaftlicher Name Deutscher Name	Höhe Blütenfarbe	Jan.	Feb.	März	April	Mai	Juni	Juli	Aug.	Sept.	Okt.	Nov.	Dez.	Bemerkung
Potentilla verna Frühlings-Fingerkraut	10 cm gelb				✿	✿	✿							wintergrün
Briza media Gewöhnliches Zittergras	40 cm weiß					✿	✿							wintergrün
Koeleria glauca Blaugrünes Schillergras	30 cm braungrün					✿	✿	✿						
Festuca ovina Schaf-Schwingel	40 cm graugrün					✿	✿	✿						
Silene nutans Nickendes Leimkraut	60 cm weiß					✿	✿	✿	✿					
Silene vulgaris Gewöhnliches Leimkraut	30 cm weiß					✿	✿	✿	✿					wintergrün
Hieracium pilosella Kleines Habichtskraut	25 cm gelb					✿	✿	✿	✿	✿	✿			wintergrün
Melica ciliata Wimper-Perlgras	60 cm weiß						✿							
Sedum acre Scharfer Mauerpfeffer	10 cm gelb						✿	✿						wintergrün
Sedum album Weiße Fetthenne	10 cm weiß						✿	✿	✿					
Linum perenne Ausdauernder Lein	50 cm himmelblau						✿	✿	✿					
Allium schoenoprasum Schnittlauch	40 cm rotlila						✿	✿	✿					
Dianthus carthusianorum Karthäuser-Nelke	50 cm purpurrot						✿	✿	✿					wintergrün
Petrorhagia saxifraga Felsennelke	20 cm rosaweiß						✿	✿	✿					wintergrün
Trifolium arvense Hasen-Klee	20 cm weißrosa						✿	✿	✿					einjährig, wintergrün
Campanula rotundifolia Rundblättrige Glockenblume	30 cm blauviolett						✿	✿	✿	✿	✿			wintergrün
Thymus serpyllum Sand-Thymian	10 cm rosapurpur						✿	✿	✿	✿	✿			wintergrün
Thymus pulegioides Arznei-Thymian	30 cm rosapurpur						✿	✿	✿	✿	✿			wintergrün
Erodium cicutarium Gewöhnlicher Reiherschnabel	40 cm rosa						✿	✿	✿	✿	✿			wintergrün
Sempervivum tectorum Dach-Hauswurz	30 cm rosarot							✿	✿	✿				wintergrün

Arten, die in der Umgebung nur selten vorkommen, sollten, um eine Florenverfälschung zu vermeiden, immer in standortheimischer Qualität gepflanzt oder gesät werden. Spezielle Pflanzenlisten für Luxemburg bei www.insekten.lu/pl

An der Wand entlang: Fassadenbegrünung

Nicht nur etwas fürs Klima, sondern auch was fürs Auge

Wenn wir grüne Blätter sehen, dann vermeinen wir einen kühlen Luftzug zu verspüren und die Luft riecht frischer. Wir fühlen uns wohler. Warum sonst gibt es einen Markt für künstliche Pflanzen aus Plastik als »Innenraumbegrünung« und für die »Begrünung« von Fassaden? In der Klimakrise brauchen wir aber eine reale Abkühlung der Umgebungstemperatur und Reinigung der Luft, wir brauchen begrünte Wände und Zäune als Kühlrippen in unseren Städten und Dörfern. Fassadenbegrünungen beschatten Hauswände und schützen die Häuser vor Hitze, sie schützen die Fassaden vor Temperaturextremen und wirken im Winter wärmedämmend. Sie bieten aber auch Tieren einen Lebensraum, vor allem wenn sie dicht und dick sind und wenn einheimische Pflanzen verwendet werden. Vögel freuen sich hier über einen Nistplatz, den Stubentiger nicht erreichen können.

Anlage: nur gute Qualität der Rankhilfen ist nachhaltig

Kletterpflanzen wachsen oft in wenig pflanzenfreundlicher Umgebung, eingezwängt zwischen Wand und Pflaster. Sie brauchen aber Wasser und Nährstoffe zum Gedeihen. Pflanzflächen in solch beengten Situationen sollten mindestens 50 cm breit und 2 m lang sein sowie Anschluss an den gewachsenen Untergrund haben. Nach dem Einwachsen der Pflanzen kann das Beet mit einem ungebundenen Belag überpflastert werden.

Rankgerüste müssen ausreichend tragfähig sein. Auch wenn Pflanzen willig an einfachen Gerüsten aus Dachlatten emporranken, eine Fassadenbegrünung nützt wenig, wenn sie nach einiger Zeit herunterbricht. Bei Selbstklimmern wie Efeu muss der Untergrund tragfähig und ohne Risse und Fugen sein. Für Selbstklimmer scheiden also Wärmedämmverbundsysteme ebenso wie Klinker-Vorhangfassaden mit ihren Lüftungsschlitzen aus. Rankgerüste für Schlinger, Ranker und Spreizklimmer sollten die Lasten der zukünftigen Begrünung tragen können. Dazu gehört nicht nur das Gewicht der Pflanzen und der Rankhilfen selber, sondern auch die Last, die durch Regen, Schnee und Sturm dazukommt. Da kommen schnell mehr als 100 kg/m² zusammen, eine Tonne auf 10 m²! Professionelle Systeme sind stabil genug und bieten den Pflanzen auch

So wird's angelegt:

- Konstruktion an zu erwartende Lasten und Triebdicken anpassen.
- Vorzugsweise einheimische Arten verwenden.

den richtigen Wandabstand. Dieser sollte so groß sein, dass auch ältere Triebe noch zwischen Rankhilfe und Wand passen. Er liegt je nach verwendeter Pflanzenart zwischen 5 und 20 cm.

Auch die Ausrichtung der Rankhilfen richtet sich nach den Wuchseigenschaften der Pflanzen. Ranker wie Clematis brauchen eher dünne und horizontal ausgerichtete Kletterhilfen, Schlinger wie Geißblatt stabile vertikale und Spreizklimmer wie Kletterrosen gitterförmige Konstruktionen.

Für kleinere vertikale Flächen wie Zäune und Sichtschutzwände eignen sich auch etliche rankende einheimische Wildstauden. Die Pflanzen sollten so gepflanzt werden, dass die Wurzeln genügend Regen bekommen, bei großen Dachüberständen also mit entsprechendem Abstand von der Wand. Sie müssen dann am Anfang mit Stäben in Richtung Rankhilfe geleitet werden.

Da nur wenige heimische Kletterpflanzen wie Efeu, Wilde Weinrebe, Wald-Geißblatt und Hopfen zur Verfügung stehen, können für die Fassadenbegrünung zusätzlich auch nicht heimische Arten wie Wilder Wein, Kletterrosen oder Glyzinien Verwendung finden.

Pflege: die Bausubstanz schützen

Vor allem kletternde Gehölze haben oft die Eigenschaft, dass ihre Triebspitzen vom Licht wegwachsen. Wo ist es besonders dunkel? In Fugen und Wandrissen. Dieser »negative Phototropismus« verankert die Pflanzen dann sicher in der Wand, allerdings werden die Triebe immer dicker und irgendwann sind die Fugen gesprengt. Die Pflege einer Fassadenbegrünung darf also nicht vernachlässigt werden. Dach und Dachtraufe und alle Öffnungen im Gebäude, wie Fenster und Türen, müssen regelmäßig kontrolliert und freigeschnitten werden. In Hitzeperioden kann es sinnvoll sein, Pflanzen zu wässern, deren Wurzelraum eingeschränkt ist.

So wird's gepflegt:

- Gebäudeöffnungen und Fugen im Mauerwerk regelmäßig kontrollieren und gegebenenfalls freischneiden.
- In Hitzeperioden Pflanzen mit eingeschränktem Wurzelraum wässern.

Pflanzen für die Fassadenbegrünung

Kletterstauden											
Wissenschaftlicher Name Deutscher Name	Höhe Blütenfarbe	März	April	Mai	Juni	Juli	Aug.	Sept.	Okt.	Nov.	Wandabstand Wuchstyp
Lathyrus latifolius Breitblättrige Platterbse	1,5 m purpurrosa		✿	✿	✿	✿	✿				5 cm Ranker
Dioscorea communis Gewöhnliche Schmerwurz	5 m grün-weiß			✿	✿	✿	✿				5 cm Schlinger
Bryonia dioica Rotbeerige Zaunrübe	4 m weiß			✿	✿	✿	✿	✿			5 cm Ranker; giftig
Humulus lupulus Hopfen	10 m gelbgrün			✿	✿	✿	✿	✿			5 cm Schlinger
Bryonia alba Weiße Zaunrübe	4 m weiß				✿	✿					5 cm Ranker; giftig
Vicia cassubica Kaschuben-Wicke	60 cm violettrot-weiß				✿	✿					
Lathyrus pratensis Wiesen-Platterbse	70 cm gelb				✿	✿	✿				5 cm Ranker
Vicia sylvatica Wald-Wicke	2 m weißlich lila				✿	✿	✿				5 cm Ranker
Vicia cracca Vogelwicke	100 cm blau				✿	✿	✿				5 cm Ranker
Vicia dumetorum Hecken-Wicke	2 m purpur				✿	✿	✿				5 cm Ranker
Lathyrus tuberosus Knollen-Platterbse	60 cm karminrot				✿	✿	✿				5 cm Ranker
Solanum dulcamara Bittersüßer Nachtschatten	2 m violett				✿	✿	✿				5 cm Spreizklimmer; giftig
Corydalis claviculata Rankender Lerchensporn	1 m weiß				✿	✿	✿	✿			5 cm Ranker
Calystegia sepium Zaunwinde	3 m weißrosa				✿	✿	✿	✿			5 cm Ranker
Lathyrus sylvestris Wald-Platterbse	2 m rosa grünlich					✿	✿				5 cm Ranker

Rotbeerige Zaunrübe

Alpen-Waldrebe

Hopfen

Klettergehölze										
Wissenschaftlicher Name Deutscher Name	Höhe Blütenfarbe	März	April	Mai	Juni	Juli	Aug.	Sept.	Okt.	Nov.	Wandabstand Wuchstyp
Clematis alpina 'Alba' Alpen-Waldrebe	2 m weiß			✿							5 cm Ranker
Clematis alpina Alpen-Waldrebe	2 m blau			✿							5 cm Ranker
Lonicera caprifolium Echtes Geißblatt	5 m weiß-gelb-rot			✿	✿						5 cm Schlinger
Vitis vinifera Echte Weinrebe	12 m grün				✿						15 cm Ranker
Rosa x polliniana Kriechrose	50 cm rosa				✿						5 cm Spreizklimmer
Rosa x polliniana 'Affabilis' Kriechrose 'Affabilis'	2 m gefüllt rosa				✿						10 cm Spreizklimmer
Rubus fruticosus Brombeere	3 m weißrosa				✿	✿	✿				7 cm Spreizklimmer
Lonicera periclymenum Wald-Geißblatt	3 m weiß-rosa-gelb				✿	✿	✿				5 cm Schlinger
Clematis vitalba Gewöhnliche Waldrebe	8 m weiß				✿	✿	✿	✿			10 cm Ranker
Rosa arvensis Kriechende Rose	2 m weiß					✿					10 cm Spreizklimmer
Rosa arvensis 'Splendens' Kriechende Rose 'Splendens'	2 m; weißrosa, halb gefüllt					✿					10 cm Spreizklimmer
Hedera helix Efeu	20 m grün							✿	✿		Selbstklimmer

Arten, die in der Umgebung nur selten vorkommen, sollten, um eine Florenverfälschung zu vermeiden, immer in standortheimischer Qualität gepflanzt oder gesät werden. Spezielle Pflanzenlisten für Luxemburg bei www.insekten.lu/pl

Rosa arvensis 'Splendens', eine Gartenform der Kriechenden Rose

Essbare Stadt: Wildpflanzen und Nutzpflanzen zum Ernten

Essbare Stadtlandschaft

Salat statt Stiefmütterchen und Tomaten statt Chrysanthemen – warum eigentlich nicht? Eine Stadtlandschaft zum Aufessen verbindet Bürgerinnen und Bürger mit ihren Grünflächen und vermindert allgemein den ökologischen Fußabdruck der Kommune. Denn Nahrung, die vor der Haustür geerntet werden kann, muss nicht aufwendig transportiert werden. Dass auch Nutzpflanzen eine ansprechende Ästhetik haben können, beweist der Renaissance-Schlossgarten in Villandry, Frankreich, der jedes Jahr mit Nutzpflanzen neu angelegt wird. Aber auch Obstgehölze und auch Wildgehölze können essbare Früchte zur Verfügung stellen.

Nutzpflanzenanbau, in Notzeiten auch auf öffentlichen Flächen, war bis nach dem Ende des Zweiten Weltkrieges ein wichtiger Aspekt der Selbstversorgung in Städten und Dörfern. Auf gemeinschaftlich genutzten Flächen oder auch zur Beschattung von Straßen wurden ganz bewusst Obstbäume gepflanzt, um die Ernährungssituation der Bevölkerung zu verbessern. Die Ernte war begehrt und wurde, je nach Landschaft, in einem anerkannten Verfahren verteilt, zum Beispiel, indem das Recht, einen Baum zu beernten, versteigert wurde.

Palmkohl und Blumen, das passt gut zusammen.

Flächen, auf denen Nutzpflanzen angebaut werden, sind reich an unterschiedlichen Strukturen und Kleinklimata.

Außerdem fördern die Bodenbearbeitung, das Düngen und Wässern auch die Beikräuter, die an einen gestörten, nährstoffreichen Boden angepasst sind. Einige von ihnen können geduldet werden, ohne dass der Ertrag der Nutzpflanzen, der hier ja auch nicht im Vordergrund steht, gemindert wird. Es handelt sich dabei um sogenannte Spontanvegetation (siehe Seite 87), oft einheimische Wildarten mit hohem ökologischen Wert.

Wie gewohnt anlegen, einladend bepflanzen

Bei allen Flächen, die als Wechselbeete gepflegt werden, kann geprüft werden, ob sie ganz oder teilweise zum Anbau von Nutzpflanzen genutzt werden können. Natürlich dürfen besonders hier keine giftigen Pflanzenschutzmittel verwendet werden und die Beete sollten auch nicht an stark befahrenen Straßen oder in der Nähe von Betrieben liegen, die problematische Stoffe emittieren. Die Beete werden dann aber, anders als im Nutzgarten, in dem die reiche Ernte im Vordergrund steht, auch nach ästhetischen Aspekten bepflanzt. Es werden zum Beispiel verschiedene Mangoldsorten mit roten oder gelben Stängeln verwendet, rotlaubige Kohl- oder Salatsorten mit gelblaubigen kombiniert und auch gesundheitsfördernde Bauerngarten- oder Wildpflanzen wie Ringelblumen und Laucharten nicht vergessen.

> ***So wird's angelegt:***
> - Flächen am besten zusammen mit Bürgerinnen und Bürgern identifizieren.
> - Gegebenenfalls Boden mit Sand und gütegesichertem Grünkompost verbessern.
> - Gegebenenfalls einfache Erntewege, z. B. aus Trittplatten, anlegen.
> - Bepflanzen, wässern.

Empfehlenswert sind regionale und robuste Sorten. Damit der Boden nicht verdichtet wird, erleichtern Trittsteine oder kleine Wege den Zugang zu den Pflanzen. In Parks können Obstbäume und Beerensträucher statt Ziergehölzen angepflanzt werden. Gerade Obstbäume bieten ja auch eine erhebliche Schmuckwirkung zur Blüte- und Erntezeit.

Gemüse statt Zierpflanze – die Pflege ist dieselbe

Die Art und Weise, wie mit den Wechselbeeten umgegangen wird, muss für den Anbau von Nutzpflanzen nicht geändert werden, es wird weiterhin der Boden gelockert, gedüngt, gewässert und gepflanzt – nur mit Gemüse statt mit Blumen. Später werden die abgeernteten Pflanzen abgeräumt und dann die Beete gegebenenfalls neu bepflanzt. Arten, die über Winter stehen bleiben können, wie Grünkohl und Lauch, schmücken die Beete auch in der kalten Jahreszeit.

> ***So wird's gepflegt:***
> - Beete bei Trockenheit wässern.
> - Beete bei Überhandnehmen von unerwünschten Beikräutern jäten.
> - Anbindungen prüfen und gegebenenfalls ersetzen.
> - Abgeerntete Pflanzen entfernen und durch neue Arten ersetzen.

Obstgehölze müssen, vor allem als Jungbaum, fachgerecht geschnitten werden, damit ein stabiles tragendes Astgerüst entsteht, das unter der Ernte später nicht zusammenbricht.

Essbare Wildpflanzen (und ihre Kulturformen)

Wissenschaftlicher Name Deutscher Name	Höhe Blütenfarbe	Feb.	März	April	Mai	Juni	Juli	Aug.	Sept.	Okt.	Bemerkung Nutzbare Pflanzenteile
Cornus mas Kornelkirsche	6 m gelb		✿	✿							Früchte
Ribes uva-crispa Stachelbeere	1,2 m unscheinbar			✿							oder Kulturformen Früchte
Prunus cerasifera Kirsch-Pflaume	8 m weiß			✿							mediterran Früchte
Pyrus pyraster Wild-Birne	20 m weiß			✿	✿						oder Kulturformen Früchte
Prunus avium Vogel-Kirsche	20 m weiß			✿	✿						oder Kulturformen Früchte
Prunus spinosa Schlehe	3 m weiß			✿	✿						viele Ausläufer, viele Dornen Früchte
Ribes rubrum var. *rubrum* Rote Johannisbeere (Wildform)	1,5 m grünlich gelb			✿	✿						oder Kulturformen Früche
Hippophae rhamnoides Sanddorn	5 m grün			✿	✿						Früchte
Ribes nigrum Schwarze Johannisbeere	1,7 m rötlich grün			✿	✿						oder Kulturformen Früchte
Vaccinium myrtillus Heidelbeere	75 cm grünrosa			✿	✿	✿					nur auf saurem Boden Früchte
Juglans regia Walnuss	15 m grün				✿						oder niedrige Kulturformen Früchte, Schalen als Färbemittel
Rubus idaeus Himbeere	2 m weiß				✿	✿					oder Kulturformen Früchte, Blättter
Mespilus germanica Echte Mispel	6 m weiß				✿	✿					Früchte
Sambucus nigra Schwarzer Holunder	7 m weiß				✿	✿					roh giftig Früchte
Sorbus aucuparia Eberesche	10 m weiß				✿	✿					roh bitter Früchte
Sorbus aria Gewöhnliche Mehlbeere	12 m weiß				✿	✿					Früchte
Sorbus domestica Speierling	15 m weiß				✿	✿					Früchte
Sorbus torminalis Elsbeere	15 m weiß				✿	✿					Früchte
Berberis vulgaris Gewöhnliche Berberitze	3 m gelb				✿	✿					Früchte
Malus sylvestris Wild-Apfel	10 m weiß -rosa				✿	✿					oder Kulturformen Früchte

Die Erdbeerwiese 'Florika' als Bodendecker.

Wissenschaftlicher Name Deutscher Name	Höhe Blütenfarbe	Feb.	März	April	Mai	Juni	Juli	Aug.	Sept.	Okt.	Bemerkung Nutzbare Pflanzenteile
Vaccinium vitis-idaea Preiselbeere	30 cm weißrosa				✿	✿	✿	✿			nur auf saurem Boden Früchte
Sorbus chamaemespilus Zwerg-Mehlbeere	3 m rosarot					✿	✿				Früchte
Vor- und Unterpflanzungen											
Carum carvi Wiesen-Kümmel	50 cm weiß			✿	✿	✿					junge Triebe, Blüten
Fragaria 'Florika' Erdbeerwiese 'Florika'	20 cm weiß				✿	✿					wintergrün Blüten, Blätter, Früchte
Crambe maritima Meerkohl	90 cm weiß				✿	✿	✿				junge Triebe, wie Brokkoli, Blüten
Myrrhis odorata Süßdolde	10 cm weiß				✿	✿	✿	✿			junge Triebe, junge Samen
Aruncus dioicus Wald-Geißbart	150 cm weiß					✿	✿				junge Triebe, kandiert
Peucedanum verticillare Riesen-Haarstrang	250 cm weiß					✿	✿	✿			junge Triebe, Blüten, Wurzeln
Allium lusitanicum Berg-Lauch	30 cm lila					✿	✿	✿			ganze Pflanze
Allium schoenoprasum Schnittlauch	40 cm rotlila					✿	✿	✿			ganze Pflanze
Pimpinella major Große Pimpinelle	100 cm weiß					✿	✿	✿	✿		ganze Pflanze
Malva moschata Moschus-Malve	60 cm rosa					✿	✿	✿	✿	✿	wintergrün ganze Pflanze
Laserpitium latifolium Breitblättriges Laserkraut	150 cm weiß						✿	✿			ganze Pflanze
Foeniculum vulgare Fenchel	150 cm gelb						✿	✿			ganze Pflanze
Malva alcea Rosen-Malve	80 cm rosenrot						✿	✿	✿		ganze Pflanze

Lebendig schön statt technisch: Sickermulde und Sickergraben

Das Wasser geben wir nicht mehr her!

Regenwasser von Dächern, Wegen, Straßen und Plätzen in die Kanalisation zu leiten und damit auf schnellstem Weg ins Meer, war noch nie eine besonders gute Idee. In unserer Zeit der Klimakrise ist es wichtig, umzudenken und das Regenwasser umzulenken, nämlich vor Ort zu versickern. Nur so werden die Grundwasserspeicher aufgefüllt und nur so steht den Pflanzen in Hitzeperioden Wasser zur Verfügung, sodass sie die Umgebungsluft in unseren Städten und Dörfern über die Verdunstung an den Blättern abkühlen können. Leider werden Versickerungsmulden meist sehr technisch gestaltet und mit langweiligem Rasen eingesät. Viel schöner ist es, hier vielfältige natürlich gestaltete Grünflächen mit vielen verschiedenen einheimischen Wildpflanzen zu gestalten, die bei Starkregenereignissen kürzere Zeit flach unter Wasser stehen. Vor allem kleinere und größere Parks können ganz oder teilweise als »Regengärten« angelegt werden, als Flächen, die Grundwasser produzieren, statt selber welches – als Bewässerung – zu verbrauchen.

Versickerungsflächen ähneln den Überschwemmungsflächen wie den Schotterflächen an Flüssen oder Stromtalwiesen, die in unserer Landschaft sehr selten geworden sind. Hier können viele Pflanzenarten ihre ursprüngliche Fähigkeit, auf Flächen mit wechselnden Feuchtegehalten wachsen zu können, endlich wieder ausspielen. Bei guter Planung siedeln sich vielleicht sogar Amphibien wie Gelbbauchunken oder Kreuzkröten an, die Rohböden und nur zeitweise gefüllte Gewässer brauchen. Auf natürlichen Überschwemmungsflächen findet sich viel Holz, das die Gewässer bei Hochwasser eine Strecke mitnehmen und dann am Ufer wieder ablegen. Lebensraumholz (siehe Seite 125) als Gestaltungselement einzubringen, ist also ökologisch folgerichtig. Auch Steinhaufen (mehr dazu auf Seite 128) erhöhen die Lebensraumvielfalt.

> ***Kurz erklärt: Stromtalwiesen***
> Entlang der großen Flüsse kam es bis zur Regulierung und Eindeichung der Flussläufe regelmäßig zu Überschwemmungen. Die Pflanzen der Wiesen in der Nähe der Flussläufe haben sich deshalb sowohl an zeitweise Überschwemmungen als auch an lange Trockenheit auf den oft kiesig-sandigen Böden angepasst.

Anlage: schön statt technisch

Der Begriff »Regengarten« bezeichnet Freiflächen, die so gestaltet sind, dass sie in der Klimakrise verantwortungsvoll mit der Ressource Regenwasser umgehen. Die Bepflanzung verträgt einerseits trocken-heißes Wetter, ohne dass sie gewässert werden muss. Andererseits gibt es Flächen zur wohnortnahen Versickerung von Regenwasser bei Starkregenereignissen mit einer Bepflanzung, die an wechselfeuchte Standorte angepasst sind.

Damit statt eines rechteckigen, tiefen und eingezäunten Regenrückhaltebeckens mit steilen Wänden ein solcher Regengarten entstehen kann, ist es günstig, wenn das Regenwasser nicht in Hofabläufen und Rohrleitungen verschwindet. Wenn es oberirdisch in Rinnen und Mulden abgeführt wird, können die Versickerungsflächen viel flacher gebaut werden und organische Formen, die ja

So wird's angelegt:

- Mulde gemäß Versickerungsgutachten ausheben, Ufer flach ausbilden.
- Vorgeschriebene Vegetationstragschicht einbauen, wenn zulässig, mineralische Vegetationstragschicht mit oberflächlich eingearbeitetem gütegesicherten Grünkompost wählen.
- Gegebenenfalls Stauden pflanzen, wässern.
- Fläche einsäen, Saatgut nicht einarbeiten.
- Anwalzen.
- Gegebenenfalls in den ersten sechs bis acht Wochen feucht halten/wässern.

dem Wesen des Wassers viel besser entsprechen, lassen eine Augenweide entstehen. Leider werden Versickerungsmulden meist mit Rasen eingesät. Statt dessen können die Pflanzen der gelegentlich überschwemmten, aber meist sehr trockenen Wiesen und Säume an den großen Strömen, wie Strand-Ehrenpreis, Brenndolde oder Färber-Scharte, und der flussnahen Kies- und Sandbänke, wie Rosmarin-Weidenröschen, angesiedelt werden. Große Mulden sind aufgrund der versickerungsfähigen Substrate über die meiste Zeit des Jahres Trockenstandorte, die nur gelegentlich überflutet werden. Diese Standorteigenschaft kann durch Verwendung von Schotter oder Kies als Vegetationstragschicht noch verstärkt werden. Dort, wo das Regenwasser eingeleitet wird, ist der Boden häufiger feucht, hier können die Pflanzen der zumeist feuchten, aber gelegentlich austrocknenden Standorte angesiedelt werden. Einige der schönsten einheimischen Wildpflanzen, wie Blutweiderich und Echter Baldrian, gehören dazu. Es ist auch sinnvoll, in diesem Bereich Teilflächen mit einer Folie abzudichten oder zumindest den Boden zu verdichten. Unbewachsene Flächen bieten bodenbrütenden Insekten und wärmeliebenden Reptilien Lebensraum.

Pflege: schön soll es bleiben

Wenn auf den Flächen das Wasser nicht nur versickern, sondern auch fließen darf, dann können immer neue Rohbodenflächen entstehen. Meist wird die Fläche aber nur von der wechselnden Feuchte her einer Überschwemmungsfläche ähneln. Die Dynamik, die die biologische Vielfalt fördert, muss also durch Pflege ersetzt werden. Gehölzsämlinge sollten gejätet und Saumflächen alle zwei Jahre gemäht werden (abwechselnd jedes Jahr nur die Hälfte der Saumflächen). Temporäre Gewässer, die verlanden, werden im Abstand von einigen Jahren ausgeräumt, Flächen mit kurzlebiger Pioniervegetation ebenfalls. Bei solchen stark veränderlichen Flächen ist es besonders wichtig, dass die Pflanzen Samen bilden können, damit der Bestand sich nach einer langen Dürre aus den im Boden schlafenden Samen, der »Samenbank«, wieder aufbauen kann. Die Teilbereiche, die als Blumenkräuterrasen (siehe Seite 72) oder Blumenwiese (siehe Seite 76) oder Strauchgruppe (siehe Seite 43) angelegt sind, werden entsprechend gepflegt.

So wird's gepflegt:

- Fläche entsprechend des gewählten Vegetationstyps mähen, dabei immer einige Flächen von der Mahd ausnehmen:
  - Saumvegetation einmal im Jahr die Hälfte der Fläche,
  - Blumenwiesen ein- bis dreimal im Jahr,
  - Blumenkräuterrasen etwa sechsmal im Jahr.
- Mahdgut wenn möglich auf der Fläche trocknen und erst später abräumen.

Pflanzen für Sickerflächen, wechselnde Feuchte, eher trocken (eher feucht siehe Seite 122)

Wissenschaftlicher Name Deutscher Name	Höhe Blütenfarbe	März	April	Mai	Juni	Juli	Aug.	Sept.	Okt.	Nov.	Bemerkung
Saponaria ocymoides Rotes Seifenkraut	20 cm rosa		✿	✿	✿	✿	✿	✿	✿		wintergrün Ausläufer, magerer Boden
Aristolochia clematitis Osterluzei	70 cm gelb			✿	✿						
Coronilla coronata Berg-Kronwicke	40 cm gelb			✿	✿	✿					magerer Boden
Lysimachia nummularia Pfennig-Gilbweiderich	5 cm gelb			✿	✿	✿					wintergrün Ausläufer
Hieracium piloselloides Florentiner Habichtskraut	80 cm gelb			✿	✿	✿	✿				wintergrün magerer Boden
Hypochaeris maculata Geflecktes Ferkelkraut	40 cm gelb			✿	✿	✿	✿				magerer Boden
Silene vulgaris Gewöhnliches Leimkraut	30 cm weiß			✿	✿	✿	✿	✿			wintergrün magerer Boden
Filipendula vulgaris Kleines Mädesüß	50 cm weiß				✿	✿					wintergrün magerer Boden
Clematis recta Aufrechte Waldrebe	120 cm weiß				✿	✿					braucht Stütze magerer Boden
Aquilegia atrata Schwarzviolette Akelei	50 cm purpurviolett				✿	✿					magerer Boden
Ononis repens Kriechende Hauhechel	30 cm rosa				✿	✿					magerer Boden
Ononis spinosa Dornige Hauhechel	40 cm rosarot				✿	✿					magerer Boden
Astragalus cicer Kicher-Tragant	60 cm gelb				✿	✿	✿				magerer Boden
Lathyrus tuberosus Knollen-Platterbse	60 cm karminrot				✿	✿	✿				rankend
Betonica officinalis Heil-Ziest	50 cm purpurrosa				✿	✿	✿				Herbstfärbung magerer Boden
Allium schoenoprasum Schnittlauch	45 cm rotlila				✿	✿	✿				magerer Boden
Galium verum Echtes Labkraut	50 cm gelb				✿	✿	✿	✿			magerer Boden
Carduus defloratus Berg-Distel	80 cm rosapurpur				✿	✿	✿	✿			
Peucedanum officinale Echter Haarstrang	100 cm gelb					✿	✿	✿			magerer Boden
Epilobium dodonaei Rosmarin-Weidenröschen	100 cm rosa					✿	✿	✿			wintergrün magerer Boden

Arten, die in der Umgebung nur selten vorkommen, sollten, um eine Florenverfälschung zu vermeiden, immer in standortheimischer Qualität gepflanzt oder gesät werden. Spezielle Pflanzenlisten für Luxemburg bei www.insekten.lu/pl

Wasser zieht an: Teiche und andere Kleingewässer

Der Himmel auf Erden

Wasser ist attraktiv, gerade auch im öffentlichen Raum. Brunnen und Wasserspiele werden auf Plätzen, Teiche und Seen in Parks bevorzugt aufgesucht. Das liegt wohl auch daran, dass da diese spiegelnde Wasseroberfläche ist, an die wir ganz nah herantreten müssen, um zu sehen, was sich darunter verbirgt. Der sich auf der Wasseroberfläche spiegelnde Himmel bringt aber auch ein eigenes, sich ständig änderndes lichtes Bild auf die Erde, zu dessen Attraktivität die Spiegelbilder der Uferbepflanzung oder der Gebäude zusätzlich beitragen.

Teiche sind dann besonders artenreich, wenn sie gut besonnte, flache und artenreich bepflanzte Ufersäume aufweisen und es am Grund auch eine in strengen Wintern eisfreie Zone gibt, sie also tiefer sind als 80 cm. Lebensraumholz und Steinhaufen im Wasser oder am Ufer bringen Versteckmöglichkeiten für die Wassertiere und Ausstiegsmöglichkeiten für Kleintiere.

Anlage: das Ufer schön flach halten

Das Grundprinzip des Teichbaus ist einfach: Es wird eine Grube gegraben, die danach abgedichtet, mit Substrat bedeckt, bepflanzt und Wasser befüllt wird. Um möglichst viel Leben in den Teich zu bringen und auch möglichst wenig Algenwachstum zu haben, ist es wichtig, dass es eine ausreichend große flache Uferzone mit einer Wassertiefe bis 40 cm gibt, denn hier wachsen die meisten Pflanzen. Die Dichtung sollte möglichst wenige Schadstoffe enthalten.

Ton- und Kalkstabilitdichtungen können nur von Fachfirmen eingebaut werden, da sie, falsch gebaut, leicht undicht werden. EPDM-Kautschuk ist gut zu verarbeiten und weniger umweltschädlich als PVC. Die Dichtung muss durch eine Lage aus Vlies oder Sand unter der Dichtung geschützt werden. Vor allem im öffentlichen Bereich sind auch Schutzlagen über der Dichtung sinnvoll, um Vandalismusschäden vorzubeugen. Das kann ein dickes Geovlies sein, das aus fest miteinander verketteten Kunstfasern aus Recyclingmaterial

Kurz erklärt: Kalkstabilit- und Tondichtung

Eine Kalkstabilitdichtung von Teichen und Kleingewässern ist dann möglich, wenn der verwendete Boden keinen Humus und mindestens 15 Prozent Ton enthält. Branntkalk wird in die Bodenmiete eingearbeitet, eine Nacht ruhen gelassen, dann aufgebracht und mit einer Walze verdichtet.

Bei einer Tondichtung werden vorgefertige Tonplatten aufgebracht und verdichtet. Diese Dichtung hat sich in der Abdichtung von Mülldeponien bewährt.

Bei beiden Varianten ist eine Kiesauflage unerlässlich, die Ausführung erfordert Sorgfalt und Erfahrung beim ausführenden Betrieb.

besteht, oder eine Schutzlage aus Ortbeton oder Lehm. Damit der Teich nicht von der umgebenden Erde leergesaugt wird, muss am Rand eine dauerhafte und stabile Kapillarsperre eingebaut werden, z. B. mit einem sogenannten »Teichrand«. Als Substrat sollte keine humusreiche Teicherde verwendet werden, sondern ein Teichsubstrat auf mineralischer Basis oder ein lehmiger Sand. Damit es keine Algenprobleme gibt, dürfen das Substrat und das Füllwasser nicht zu viel Phosphat enthalten, der Phosphorgehalt des Füllwassers darf 0,01 Milligramm Phosphor pro Liter nicht überschreiten, das entspricht 0,03 Milligramm Phosphat pro Liter. Außerdem ist es wichtig, genügend Sumpf- und Wasserpflanzen zu pflanzen, damit die Algen nicht so viel Nährstoffe bekommen.

Im öffentlichen Raum muss die Anlage eines Kleingewässers mit dem Versicherer abgesprochen werden, da immer die Gefahr des Ertrinkens besteht. Aber auch auf Kinderspielplätzen sind Kleingewässer erlaubt, meist bis zu einer Tiefe von 40 cm.

So wird's angelegt:

- Teichprofil ausheben, genügend Flachwasserzonen vorsehen.
- Gegebenenfalls Kapillarsperre einnivellieren und einbauen.
- Dichtung entsprechend Herstellerangaben einbauen, Foliendichtung von unten und oben mit Sand oder Geovlies, gegebenenfalls oben mit Ortbeton oder Lehm schützen.
- Gegebenenfalls Tondichtungen mit Vlies und Kiesauflast oder Schottertragschicht abdecken, Kalkstabilitdichtungen mit Kiesauflast abdecken.
- Teichsubstrat einbauen, gegebenenfalls mit Kies abdecken.
- Pflanzen.
- Wasser einfüllen, Füllwasser darf nicht mehr als 0,03 mg/l Phosphat enthalten, prüfen.
- Gegebenenfalls Teichfolie an Kapillarsperre befestigen.

Pflanzen für Sickerflächen, eher feucht, und für Sumpfzonen

Wissenschaftlicher Name Deutscher Name	Höhe Blütenfarbe	Jan.	Feb.	März	April	Mai	Juni	Juli	Aug.	Sept.	Okt.	Nov.	Bemerkung
Gagea lutea Wald-Goldstern	30 cm gelb				✿	✿							Frühblüher
Geum rivale Bach-Nelkenwurz	30 cm rotbraun				✿	✿	✿	✿					
Euphorbia palustris Sumpf-Wolfsmilch	100 cm gelb					✿	✿						Herbstfärbung, giftig
Valeriana officinalis Arznei-Baldrian	90 cm rosaweiß					✿	✿	✿	✿				Ausläufer
Thalictrum flavum Gelbe Wiesenraute	100 cm gelb						✿	✿					Ausläufer
Gratiola officinalis Gottes-Gnadenkraut	30 cm weiß						✿	✿	✿				giftig
Lysimachia vulgaris Gewöhnlicher Gilbweiderich	120 cm gelb						✿	✿	✿				Ausläufer
Veronica maritima Langblättriger Blauweiderich	80 cm blau						✿	✿	✿				
Butomus umbellatus Schwanenblume	80 cm rosarot						✿	✿	✿				
Betonica officinalis Heil-Ziest	50 cm purpurrosa						✿	✿	✿				Herbstfärbung, magerer Boden
Stachys palustris Sumpf-Ziest	50 cm purpurrosa						✿	✿	✿	✿			Ausläufer
Geranium palustre Sumpf-Storchschnabel	80 cm rotviolett						✿	✿	✿	✿			
Inula salicina Weidenblättriger Alant	40 cm gelb						✿	✿	✿	✿	✿		Ausläufer, magerer Boden
Mentha arvensis Acker-Minze	40 cm lila						✿	✿	✿	✿	✿		Ausläufer
Galium boreale Nordisches Labkraut	50 cm weiß							✿	✿				Ausläufer, magerer Boden
Laserpitium latifolium Breitblättriges Laserkraut	150 cm weiß							✿	✿				magerer Boden
Achillea ptarmica Sumpf-Schafgarbe	80 cm weiß							✿	✿				
Lythrum salicaria Gewöhnlicher Blutweiderich	100 cm violettrot							✿	✿	✿			
Serratula tinctoria Färber-Scharte	100 cm purpur							✿	✿	✿			
Succisa pratensis Gewöhnlicher Teufelsabbiss	80 cm blauviolett								✿	✿			

Arten, die in der Umgebung nur selten vorkommen, sollten, um eine Florenverfälschung zu vermeiden, immer in standortheimischer Qualität gepflanzt oder gesät werden. Spezielle Pflanzenlisten für Luxemburg bei www.insekten.lu/pl

Selbst ein flacher Teich bringt eine Menge Leben, denn viele Kleintiere überstehen sogar das Einfrieren im Eis. Tiefere Gewässer im öffentlichen Raum sind meist kein Problem, wenn es eine breite flache Uferzone gibt und das Gefälle des Teiches nicht zu steil ist. Wasserpflanzen benötigen überwiegend viel Licht zum guten Gedeihen, am besten wird ein Teich in halbschattiger Lage angelegt, in dem es im Herbst wenig Falllaub gibt, das in den Teich fallen und ihn düngen könnte.

Viel weniger Pflege als gedacht

Die früher weit verbreiteten Goldfischteiche haben dazu geführt, dass Teiche als schwierig und aufwendig zu pflegen gelten. Dabei sind gerade Wasserflächen pflegeleicht und auch viel artenreicher, wenn eben keine Fische eingesetzt werden. Denn Fische wühlen ständig den Bodengrund um, stören das Pflanzenwachstum und werden meist gefüttert. Es werden also regelmäßig Nährstoffe in das Gewässer gebracht und das Pflanzenwachstum wird gestört, so haben die Algen viel zu futtern und wenig Konkurrenz. Ähnlich wie Fischfutter wirkt Herbstlaub oder Oberflächenwasser, wenn es in großen Mengen in den Teich gelangt. Teiche sollten abseits von großen Bäumen angelegt werden. Dachablaufwasser oder Oberflächenwasser, zum Beispiel von einem Wiesenhang, fördern das Algenwachstum.

So wird's gepflegt:

- Gegebenenfalls im Herbst Laubschutznetz aufbauen und abbauen.
- Teilmahd im Herbst, vor allem die Pflanzenteile, die über den Winter ins Wasser fallen würden. Stängel, die über den Winter stabil bleiben, erst im Frühjahr schneiden, einige als Lebensraum für Insekten, z. B. als Schlupfhilfe für Libellen, auch länger stehen lassen.
- Im Abstand von einigen Jahren Teile der Vegetation ganz entfernen, um Verlandung zu verlangsamen.

So geschützt, gelangen nur wenige Nährstoffe, zum Beispiel über Pollen oder Staub, in den Teich. Da ein gedichteter Teich aber im Gegensatz zu einem natürlichen Gewässer keine Nährstoffe in den Untergrund abgibt, wird er immer nährstoffreicher, was zu vermehrtem Pflanzenwachstum führt und letztendlich zur Verlandung, zum Niedermoor. Die Pflege dient nun dazu, diesen Prozess zu verlangsamen, indem in kürzeren Abständen, ungefähr alle zwei bis drei Jahre, ein Teil des Bewuchses entnommen wird. Auch die trockenen Stängel sollten entfernt werden, bevor sie ins Wasser fallen.

Biotopelemente ergänzen heimische Pflanzen

Verborgene Vielfalt: Lebensraumholz, nicht Totholz

Kein Abfall

Holz ist ein wunderbar sympathisches Material. Während Steine erst von der Sonne aufgewärmt werden müssen, wirkt Holz von sich aus warm und lebendig. Aber es ist vergänglich, deshalb wird es meist chemisch konserviert. Vergänglich, das heißt aber auch: Holz ist Futter für sehr viele Lebewesen, die es letztlich abbauen. Unbehandeltes Holz ist deshalb Lebensraum(holz)! Das ist eine große Chance, wenn wir die biologische Vielfalt fördern wollen, und schließt durchaus mit ein, dass solche Elemente auch als Sitzgelegenheit, Beeteinfassung, Grundstücksabgrenzungen und Sichtschutz dienen. Landart-Kunstwerke beziehen bewusst die Vergänglichkeit von unbehandeltem Holz mit ein. Eine schöne Baumwurzel, Schwemmholz aus dem Fluss oder ein bizarres Stück Eichenkrone können aber auch einfach als Gestaltungselemente im Sinne der »gefundenen Kunst« in Beeten und Parkgestaltungen eingesetzt werden.

Wenn die Stämme Sitzhöhe haben, dienen sie als informelle Sitzgelegenheit. Holzarten, die natürlicherweise dauerhaft sind, wie Eichen- oder Robinienstämme ohne Rinde und Splint, können auch aufrecht in einem Fundament aufgestellt und mit Bohrungen für Wildbienen versehen werden (siehe Bild auf Seite 160). Holzstämme werden bei entsprechender Standsicherheit auch als Kletteraufforderung in Naturspielräumen integriert, gelegtes Lebensraumholz ist immer eine schöne Balancieraufforderung. Der Übergang vom Lebensraumholz hin zum durch konstruktiven Holzschutz dauerhaften Bauholz ist gleitend, muss aber planerisch gut durchdacht sein. Aber auch an einer gut geschützten Stütze aus unbehandeltem Holz unter einem Dach können noch Wespen Nistmaterial abnagen, ohne dem Holz zu schaden.

◄ Holzstämme, Wurzeln und Äste sind wertvoller Lebensraum und wichtige Gestaltungselemente auf naturnahen Flächen.

So wird's angelegt:
- Stammstücke vandalismus- und standsicher einbauen, gegebenenfalls eingraben.

Einfach mal liegen lassen oder doch lieber aufrichten?

Eigentlich kann aus allen abgestorbenen Pflanzenmaterialien ein Lebensraum gestaltet werden. Dickere Äste und Stammstücke können als Beeteinfassung dienen. Damit sie sicher liegen, werden sie leicht eingegraben. Je größer das Volumen ist, umso mehr wird die biologische Vielfalt gefördert. Deshalb eignen sich besonders dicke Stammstücke und Wurzelteller als Hingucker in naturnahen Gestaltungen.

So wird's gepflegt:
- Verkehrssicherheitskontrolle durchführen.

Kaum Pflege nötig

Im öffentlichen Raum muss die Verkehrssicherheit regelmäßig geprüft werden, also ob die Elemente noch standsicher liegen oder stehen. Ansonsten ist Pflege nicht nötig. Wenn die Elemente dann irgendwann verschwunden sind, können sie ersetzt werden – oder auch nicht.

Dieser Zaun wächst nach: Anfallendes Schnittgut kann hier einfach nachgelegt werden.

Schöner wohnen: Asthaufen als Lebensraum nicht nur für Igel

Astwerk - Schnittgut als Werkstoff

Bei der Pflege von Grünanlagen fällt immer wieder Astschnitt an. Der muss nicht im Häcksler verschwinden! Daraus können wertvolle Lebensräume gebaut werden, sei es als einfacher Haufen, als Sichtschutzwand, Abgrenzung oder als gestalterisch anspruchsvolle Landart-Skulptur.

Ein dichter Haufen von Ästen bietet vielen Vogelarten, aber auch anderen Kleintieren einen Ort, an dem sie gut vor Beutegreifern geschützt sind. Durch das Vergehen der Äste entsteht am Boden ein humusreicher Mulm, in dem es sich gut überwintern lässt. Der Einbau von Igelhäusern, wie es sie im Handel zu kaufen gibt, ist eine Extra-Einladung für wohnungssuchende Igel.

Schön ist es, wenn auch gröberes Lebensraumholz mit integriert wird und wenn das Futter für die Bewohner, also Blüten, Blätter und Früchte einheimischer Wildpflanzen, in der Nähe wächst, beispielsweise in einer frei wachsenden Wildstrauchhecke, in Säumen, Blumenwiesen und Wildblumenbeeten.

Haufenweise Lebensräume anlegen

Grundsätzlich reicht es, Schnittgut locker aufzuhäufen. Schon nach wenigen Stunden feiert hier wahrscheinlich der ortsansässige Spatzenschwarm seine erste Party. Dünne Äste können aber auch zwischen zwei parallelen Pfostenreihen faschinenartig aufgeschichtet werden, das wird oft »Benjes-Hecke« genannt. Je nach Höhe dienen diese Elemente als Grundstücksabgrenzungen, Sichtschutzelemente oder Sitzbänke. Wenn das Element dauerhaft sein soll, dann sind Pfosten aus dauerhafter Robinie oder Eiche zu empfehlen.

So wird's angelegt:
- Gegebenenfalls seitliche stabilisierende Pfostenreihen aus Robinie oder Eichenspaltholz einschlagen.
- Astschnitt locker aufhäufen.

Immer mal wieder nachlegen

Im unteren Bereich des Asthaufens verrottet das Material besonders schnell, der Haufen sackt also mit der Zeit zusammen. Wenn er erhalten bleiben soll, wird er regelmäßig mit frischem Schnittgut nachgefüllt. Dabei können dann gleich Pfosten auf die Standsicherheit überprüft und gegebenenfalls ersetzt werden.

So wird's gepflegt:
- Nach Bedarf Astschnitt nachfüllen.

Wohnungen für viele: Biotopelement Steinhaufen

Natursteinlebensraum ohne große Ansprüche

Fast alle Lebensräume, die wir in und an Trockenmauern finden, bietet auch ein einfacher Steinhaufen, oft sogar in höherer Anzahl und Qualität. Während Trockenmauern Hingucker sind und, ähnlich wie ästhetisch ansprechend gebaute Wege, das Gesicht einer Fläche prägen, steht bei Steinhaufen die Lebensraumfunktion im Vordergrund.

Besonnte Feldsteinhaufen sind der ideale Lebensraum für viele Insekten und Spinnen. Aber auch Reptilien und Kleinsäuger finden hier Überwinterungs- und Brutplätze. Wie bei den Trockenmauern gibt es von der Sonnenbank bis zum kühlen Keller fast jedes gewünschte Kleinklima, dazu Hohlräume in verschiedenen Größen, hier bleibt für Wohnungssuchende fast kein Wunsch offen!

Wir bieten den tierischen Bewohnern hier Wohnraum, das Futter müssen sie meist woanders suchen. Deshalb ist es sinnvoll, Steinhaufen dort zu bauen, wo es in der Nähe Nahrung in Fülle gibt, also zwischen Hecke und Wiese, am Rand eines Kleingewässers, in einem Naturerlebnispark oder einem Naturerlebnisspielraum.

Anlage: einfacher geht's nicht!

Im Grunde reicht es, einen Haufen Steine an der gewünschten Stelle abzukippen. Etwas mehr Aufwand bei der Anlage erhöht aber sowohl die Lebensraumfunktion als auch die gestalterische Einbindung. Steinhaufen sind vor allem für Eidechsen und andere Reptilien attraktiv, wenn es nicht nur Hohlräume, sondern auch gemütlichen Holzmulm für den Winterschlaf gibt. Wenn Holz verrottet, entstehen feine Holzfasern, ähnlich den durch mechanisches Zerfasern hergestellten Einblasdämmungen aus Holz. Genauso wirkt der Holzmulm: Er bietet überwinternden Tieren ein trockenes und gut gedämmtes Quartier.

Am besten wird vor der Anlage des Steinhaufens eine ungefähr 1 m tiefe Grube gegraben, damit sich die Tiere für den Winterschlaf in den frostfreien Bereich zurückziehen können. Am Boden der Grube wird als Drainage Schotter eingefüllt, darüber eine Mischung aus

So wird's angelegt:

- Gegebenenfalls Grube ausheben, mit einer Drainage aus Grobschotter, groben Steinen und Stammstücken/Wurzeln füllen.
- Natursteine und Stammstücke/Wurzeln aufschichten/abkippen.
- Gegebenenfalls Hohlräume mit Sand füllen und spärlich bepflanzen.

Steinhaufen sind wie Trockenmauern Rückzugsorte für Insekten, Spinnen, Reptilien oder Kleinsäuger.

Steinen und Holz. Wenn der Steinhaufen ein gestalterisches Ausrufezeichen aus stehendem Lebensraumholz bekommen soll, wird dies vor dem Einfüllen von Steinen und Sand gleich in die Grube eingestellt. Dann werden die Steine und Holzstücke weiter aufgeschichtet und mit Kiessand überfüllt, um ein Substrat für die Bepflanzung zu erhalten. Wenige Pflanzen der trockenen Sandstandorte verschönern die Fläche, es sollten aber nicht zu viele sein, damit die Wohnungen für die Tiere schön sonnig bleiben.

Kaum Pflege nötig

Im öffentlichen Raum muss die Verkehrssicherheit regelmäßig geprüft werden, zum Beispiel ob die Steine und das Totholz noch standsicher liegen oder stehen; ansonsten ist kaum Pflege nötig. Sollten Pflanzen von der Seite den Haufen überwuchern, müssen diese entfernt werden, um die wärmespeichernde Funktion eines trockenen Steinhaufens zu erhalten.

So wird's gepflegt:

- Verkehrssicherheitskontrolle durchführen.
- Pflanzenwachstum begrenzen.

Wasserstellen: nicht nur für Vögel

Auch kleine Pfützen helfen

Den Tieren geht es wie uns Menschen, je heißer der Sommer, umso dürrer das Land, desto dringender brauchen alle etwas zu trinken und ein kühles Bad. Das betrifft nicht nur Säugetiere und Vögel, sondern auch ganz kleine Tiere wie Insekten. Schon an einer suppentellergroßen Wasserfläche können Wildbienen und andere Insekte ihren Durst stillen. Auch Vögeln reicht sie für ein erfrischendes Bad. Damit können wir durch geschickte Platzierung der Tränken die Möglichkeit und den Ort der Naturbeobachtung genau planen, zum Beispiel indem sie von Aufenthaltsräumen im Gebäude oder von Sitzplätzen im Außenbereich gut zu sehen sind.

Freier Stand ist bei der Anlage wichtig

Im Grunde eignet sich jede flache Schale als Tränke. Sie muss frostfest und wasserdicht sein. Die Oberfläche darf nicht zu glatt sein, damit kleine Tiere wieder herauskrabbeln können, wenn sie einmal hineingefallen sind. Im öffentlichen und gewerblichen Bereich sollte die Tränke gut befestigt oder so schwer sein, dass sie nicht einfach weggetragen werden kann. Besonders bewährt haben sich Natursteine (regionaler Herkunft), auf denen flache Vertiefungen angebracht werden. Das geht ganz einfach: Mit der Flex werden parallele nach außen flacher werdende Schnitte gesetzt und dann werden die Steingrate herausgeschlagen. Nur frosthart muss der Stein sein, damit die Mini-Pfütze nicht undicht wird. Für Vögel ist es wichtig, dass keine Stubentiger oder andere Beutegreifer sich in der unmittelbaren Umgebung verstecken können. Sie darf also nicht unter einem Strauch platziert werden, auch wenn das schön aussieht, sondern möglichst frei und erhöht. Auch deshalb eignen sich Vertiefungen in Findlingen besonders gut, da wirkt die erhöhte Lage ganz natürlich und wenn große Steine noch an anderer Stelle als Gestaltungselement verwendet werden wirkt die Tränke nicht als Fremdkörper, sondern im besten Fall so, als würde der Stein da immer schon liegen.

So wird's angelegt:

- Standort sorgfältig wählen: Vögel müssen freie Sicht haben und die Beobachter die Vogeltränke gut sehen können, ohne die Vögel zu beunruhigen.
- Vogeltränke der Wahl standsicher aufstellen.

Trinkwasserqualität für Tiere

Gerade bei gut besuchten kleinen Tränken besteht die Gefahr, dass Vögel sich hier gegenseitig infizieren. Die Tränke sollte also regelmäßig gereinigt und mit frischem Wasser aufgefüllt werden.

Dass die Tränken im öffentlichen und gewerblichen Bereich auch mal austrocknen, fördert sogar die Hygiene. Wenn in der Nähe einer Tränke kranke oder tote Vögel gefunden werden, muss die Tränke für einige Monate stillgelegt werden. Regelmäßiger Wasserwechsel verhindert auch Mückenplagen. Denn Mücken legen ihre Eier ja bevorzugt an Wasserflächen, die nur hin und wieder Wasser führen und in denen deshalb keine Pflanzen wachsen – denn dort gibt es keine Mückenjäger wie Libellenlarven oder Wasserkäfer.

So wird's gepflegt:

- Vogeltränken im Abstand von wenigen Tagen ausbürsten und trocknen lassen, erst dann wieder Wasser einfüllen.

Aus Natursteinen entstehen schöne Vogeltränken, die sich gut in naturnahe Flächen integrieren lassen.

Manchmal ist kahl besser: Rohbodenflächen für Wildbienen und Schwalben

Kein Erdgarten - oder wenigstens ein bisschen?

Der »Erdgarten«, einzelne Gehölze oder Stauden, die wohlgeordnet auf einer unkrautfreien, geharkten Beetfläche stehen, fördern die biologische Vielfalt kaum. Im Gegensatz dazu wird bei biodiversitätsfördernden Gestaltungen eine dichte Bodenbedeckung mit den erwünschten Pflanzenarten angestrebt. Aber wenn im Frühjahr bei Bauarbeiten Lehmboden abgebaggert wird, finden sich an den Abbrüchen oft zahlreiche Wildbienen, die an dem Lehm knabbern. Erdfeuchter Lehm ist ein inzwischen selten gewordener und besonders bei Wildbienen begehrter Baustoff. So dicht der Bewuchs auf dem Großteil der naturnahen Fläche ist, so wichtig sind auch einige offene Bodenstellen ohne Bewuchs. Hier können zahlreiche Lehmbaukünstler beobachtet werden.

Denn im Boden gibt es nicht nur Tiere, die dort dauerhaft leben, wie Maulwürfe, Regenwürmer oder Springschwänze; im Boden wohnen auch viele Larven von Fluginsekten, die sich gut geschützt im gleichmäßig temperierten Klima des Bodens entwickeln. Dazu gehört neben vielen Schmetterlingsarten auch der Großteil der bei uns heimischen Wildbienen.

Dort, wo sandige Böden offen liegen, finden sich die Brutröhren der Sandbienen und Ameisenlöwen. Spinnen und Laufkäfer lauern auf Beute, was bei geeigneter Lage und Größe der Fläche weitere interessante Tierarten wie nahrungssuchende Vögel oder auch Eidechsen anziehen kann. Vor allem feuchter Lehm ist nicht nur Wohnraum, sondern auch Baustoff. Schwalben, aber auch Lehmwespen, geht in einer Landschaft ohne Feldwege, Trampelpfade und Pfützen der Baustoff für ihre Nester aus.

Anlage: kahl machen

Um eine offene Bodenstelle anzulegen, werden an einer voll besonnten Stelle Flächen in der Größe von ein bis drei Quadratmetern entweder von der Bepflanzung und Einsaat ausgenommen oder der vorhandene Bewuchs wird entfernt. Der Boden sollte nährstoffarm, lehmig oder lehmig-sandig sein. Auf Lehm können einige Stellen mit dem Grabenstampfer etwas verdichtet werden, damit der Lehm hier länger feucht bleibt. Wenn der vorhandene Boden nicht geeignet ist, weil er zum Beispiel zu nährstoffreich oder zu schottrig ist, dann wird lehmig-sandiger Unterboden in einer Tiefe von mindestens 50 cm eingebracht. Damit die Brutröhren der Tiere bei Starkregen nicht unter Wasser gesetzt werden, ist ein leichtes Gefälle sinnvoll, zum Beispiel indem flache Hügel modelliert werden. Lehmpfützen für Schwalben dürfen nicht zu weit weg von den Niststandorten angelegt werden, damit das Baumaterial noch feucht ist, wenn die Schwalben an ihrer »Baustelle«, dem Nest, ankommen. Außerdem brauchen die Schwalben freie Sicht, damit sie gut an- und abfliegen können und keine Angst vor Katzen oder anderen Vogeljägern haben müssen.

So wird's angelegt:

- Vegetation entfernen.
- Gegebenenfalls lehmig-sandigen Unterboden einbringen und leicht verdichten.

Oft entstehen offene Bodenstellen auch einfach nur durch die Nutzung, zum Beispiel als Trampelpfade in Parks und auf Spielplätzen. Hier reicht es, einfach auf die üblichen Renovierungsmaßnahmen zu verzichten.

Pflege: kahl bleiben lassen

Vor allem dort, wo die Rohbodenflächen erfolgreich angelegt wurden, also besiedelt sind, wird die Fläche durch vorsichtiges Jäten (nicht die Brutröhren zerstören) frei von Bewuchs gehalten. Falls das nicht möglich ist, zum Beispiel weil der Boden doch zu nährstoffreich ist, sollten in der Nähe neue Rohbodenstellen mit besser geeignetem Material angelegt werden.

So wird's gepflegt:

- Störende Vegetation jäten.

Bei Rohbodenstellen, die durch die Nutzung entstehen, reicht es aus, die Nutzungen aufrechtzuerhalten.

Schwalben brauchen offenen Lehmboden für ihren Nestbau.

Waltikon
TEL 0800

Naturverträgliche Architektur mitdenken und umsetzen

Im Siedlungsraum werden nicht nur Grünflächen, sondern auch die Gebäude selbst von vielen Tierarten als Lebensraum genutzt. Allerdings gestaltet sich die Suche nach geeigneten Rückzugs- und Nistmöglichkeiten aufgrund der oftmals nicht in ausreichender Menge zur Verfügung stehenden Strukturen als äußerst schwierig. Hinzu kommt, dass der Siedlungsraum eine Vielzahl an Gefahrenquellen birgt, wie beispielsweise der Anprall an Glasfassaden oder die Fallenwirkung bei ungesicherten Schächten und Leuchtmitteln. Um von vornherein ausreichend Wohnraum zu schaffen und solche Tierfallen im Siedlungsraum zu vermeiden, lassen sich hier durch eine umsichtige Planung viele einfache, bauliche Lösungen finden. Auch nachträglich können diverse Maßnahmen umgesetzt werden, um Nistmöglichkeiten an Gebäuden zu schaffen und bereits bestehende Fallen zu beseitigen oder zumindest zu entschärfen. Wer Vielfalt fördern will, denkt dies von Anfang an mit!

Endstation Glasscheibe

Eine häufige durch den Menschen verursachte Todesursache für Vögel stellt die Kollision mit Glas dar. Für Vögel sind Glasscheiben oft nicht als Hindernis erkennbar, entweder weil sie transparent sind oder weil sie die umgebende Vegetation stark spiegeln. Hochrechnungen gehen allein in Deutschland von 100 – 115 Millionen verunglückenden Vögeln pro Jahr aus, wobei Strukturen wie Wartehäuschen, Lärmschutzwände und andere lichtdurchlässige Konstruktionen noch gar nicht enthalten sind und die Zahl entsprechend höher sein dürfte. Wir kennen das traurig dumpfe Geräusch, wenn ein solcher Anprall erfolgt. Dieser endet oftmals direkt tödlich oder die Tiere verenden später an ihren inneren Verletzungen bzw. werden durch die Benommenheit des Anpralls leichte Beute für ihre Fressfeinde. Mattiertes, geriffeltes oder farbiges Glas sowie Scheiben mit einem laminierten Gewebe können hier Abhilfe schaffen. Generell sollte bei Gebäuden auf den Einsatz unmarkierter großflächiger

◄ Wirksame Markierungen wie an diesem Eingangsbereich (Bild oben) oder am Wartehäuschen (Bild unten) verhindern, dass Vögel mit Glasscheiben kollidieren.

Nur mit der Handflächenregel wirksam: Aufkleber
Vogelsilhouetten-Aufkleber sind weitgehend wirkungslos, wenn sie nicht in ausreichender Dichte und in Abständen mit maximal der Größe einer Handfläche zueinander aufgebracht werden. Von der Nutzung UV-reflektierender Produkte ist aufgrund mangelnder Schutzwirkung und der Tatsache, dass einige Vogelarten UV-Licht gar nicht wahrnehmen können, gänzlich abzuraten. Ein erster Schritt kann es schon sein, auf das Fensterputzen zu verzichten!

Glasfronten oder Spiegelfassaden insbesondere direkt neben Vegetationsflächen sowie auf jegliche Art von Durchsichten, beispielsweise verglaste Eckfenster, freistehende Glasgeländer, Wind- und Regenschutz an Unterständen oder Wartehäuschen, verzichtet werden. Transparente und spiegelnde Scheiben lassen sich durch auf das Glas gedruckte Muster sowie nachträglich auf der Außenseite angebrachte Punkte- oder Linienraster sichtbar machen. Bewährte Raster gibt es zu kaufen, deren Faktoren, u. a. zu Farbe, Bedeckungsgrad, Formgröße und Abstand, auch gut auf die Entwicklung individueller Muster übertragbar sind – eine Übersicht gibt der Leitfaden »Vogelfreundliches Bauen mit Glas und Licht« der Schweizerischen Vogelwarte (siehe Literatur auf Seite 198). Zudem können Lamellen und Vorhänge im Innenbereich dazu beitragen, transparente Glasscheiben für Vögel sichtbar zu machen und Spiegelungen zu reduzieren.

Verlockende Feuchtigkeit und unüberwindliche Bordsteinkanten

Für bodengebundene Tierarten wie Amphibien sind Gullys und andere Vorrichtungen zur Straßenentwässerung häufig eine tödliche Falle. So geraten sie nicht nur auf ihren Wanderungen bei der Querung der Gullys in die Schächte hinein, sondern werden in den wärmeren Monaten durch das feuchte Mikroklima regelrecht angelockt. Einen verstärkenden Effekt haben hohe Bordsteinkanten.

Sie leiten die auf die Straßen gelangten Tiere direkt zu den Entwässerungsvorrichtungen. Wenn möglich, sollte daher Regenwasser oberirdisch abgeleitet werden und anschließend versickern, statt in Entwässerungsschächte zu fließen. Das schont nicht nur die Tierwelt, sondern trägt auch zur Verbesserung des Klimas in Siedlungsräumen bei (siehe dazu auch Seite 116). Andernfalls ist die Verwendung engstrebiger Gullyroste mit einem Strebenabstand von maximal 1,6 cm zu empfehlen. Diese können aber auch nicht verhindern, dass Jungtiere und andere kleinere Tierarten hineinfallen. Hier können angebrachte Ausstiegshilfen, wie spezielle Amphibienleitern, -rohre oder -siphons, zusätzlich Abhilfe schaffen. Deren Nutzung ist ebenfalls bei weiteren ungesicherten Wassersammelstellen wie Regentonnen anzuraten, sie können zusätzlich auch bündig abgedeckt werden, wenn sie nicht genutzt werden.

Schräge Bordsteinkanten eignen sich, um die Leitwirkung von Bordsteinkanten zu vermeiden, und erleichtern es den Amphibien, die Straße wieder zu verlassen. Auch die Absenkung der Bordsteinhöhe und das Anbringen von Rampen haben positive Effekte – für Mensch und Tier.

Absturz in unentrinnbare Tiefen

Weitere Strukturen, die im nahen oder direkten Umfeld von Gebäuden eine potenzielle Tierfalle darstellen, sind ungesicherte Licht- und Lüftungsschächte sowie Kellertreppen. Tiere, die auf der Suche nach Nahrung oder einem Winterquartier sind, laufen oftmals an Gebäudewänden entlang und werden auf diese Weise geradewegs dorthin geleitet. In diesen Strukturen verenden neben zahlreichen Insekten, Amphibien und Mäusen auch häufig Igel, da sie nicht in der Lage sind, die senkrechten Schachtwände oder Treppenstufen eigenständig zu überwinden. Weitere, regelmäßig zur Falle werdende Strukturen sind beispielsweise Dachrinnen, Fallrohre oder Abluftvorrichtungen auf dem Dach. Um das Hineinfallen von Tieren zu verhindern, können folgende Maßnahmen getroffen werden: Randerhöhung um Treppen und Schächte (mindestens 15 cm), engmaschige Abdeckgitter für Licht-, Lüftungsschächte und Fallrohre (Maschenweite maximal 0,5 cm) sowie brandsichere Vergitterung bzw. ein spezieller Kaminaufsatz bei Kaminen und anderen Arten von Abluftkonstruktionen. Bei Treppen und Schächten dienen griffige Holzbretter, Lochbleche, Matten aus Kunststoffgeflecht oder Rampen (Breite 10 cm, maximal 60° Steigung) sowie Zwischenstufen aus Steinen den Tieren als Ausstiegshilfen. An Dachrinnen können kleine Quergitter angebracht werden.

Gefährliche Erleuchtung

Nicht nur Insekten, sondern auch Amphibien, Reptilien, Vögel und Säugetiere werden von einer intensiven nächtlichen Beleuchtung im Außenbereich angezogen. Sie werden bei der Futtersuche, sozialen Interaktionen und Ruhephasen sowie bei der Orientierung durch solche Lichtquellen nachhaltig gestört. Lichtscheue Arten verlassen gleich ganz ihre angestammten Quartiere sowie Nahrungsgebiete. Zudem umfliegen nachtaktive Insekten die Lichtquellen oftmals so lange, bis sie vor Erschöpfung sterben oder schlimmer noch in das Gehäuse der Lichtquelle eindringen und dort verbrennen. Der Anblick toter Insekten in einem Lampengehäuse ist aber genauso vermeidbar wie das unangenehme Britzeln und der nachfolgende Brandgeruch eines verunglückenden Tieres.

Generell sollten abgeschirmte Leuchten mit begrenztem Lichtkegel und keiner Abstrahlung über die Horizontale (»Full-Cut-Off-Leuchten«) zum Einsatz kommen. Ferner ist auf geschlossene bzw. gekapselte Gehäuse mit einer Oberflächentemperatur von unter 60 °C zu achten. Als Leuchtmittel haben sich insektenfreundliche, energieeffiziente Lampen mit warmweißem Licht und möglichst wenig kurzwelligen Blauanteilen bewährt (z. B. LEDs unter 3000 Kelvin oder Hochdruck-Natriumdampflampen). Eine Übersicht gibt der »Österreichische Leitfaden Außenbeleuchtung« (siehe Literaturempfehlung auf Seite 198). Weitere Stellschrauben für eine tierfreundliche Beleuchtung sind die räumliche und zeitliche Reduzierung des Lichts auf ein Minimum, beispielsweise eine Steuerung über Bewegungsmelder und Dämmerungsschalter, sowie die Nutzung von Pollerleuchten für die Ausleuchtung von Gehwegen oder Fahrradständern. Das Anstrahlen von Vegetations- und Gebäudeflächen, insbesondere in der Nähe bekannter Fledermausquartiere und Vogelschlafplätze, sollte unbedingt vermieden werden!

Spart auch Strom

Ein durchdachter Beleuchtungsplan zahlt sich langfristig nicht nur für die Tiere aus, sondern auch durch die geringer ausfallenden Energiekosten.

Neuer Wohnraum für alle

Viele Tierarten haben es heutzutage schwer, neben Nahrungsflächen auch geeignete Brut-, Nist- oder Überwinterungsmöglichkeiten im aufgeräumten Siedlungsraum zu finden. So lassen sich für die an menschlichen Behausungen brütenden Vogelarten (insbesondere Haus- und Feldsperling, Mauersegler,

Mehlschwalbe, Bachstelze und Hausrotschwanz) artspezifische Nisthilfen direkt an der Außenseite von Gebäuden anbringen. Bei Sanierungen und Neubauten können diese für einige Arten sogar gleich direkt als sogenannte Niststeine in die Fassade integriert werden. Gleiches gilt für Fledermäuse, auch hier gibt es Modelle für die Außenanbringung sowie für ins Mauerwerk integrierbare Lösungen.

Naturerlebnisse ermöglichen

Voraussetzung für eine gute Besiedelung künstlicher Nisthilfen und Behausungen an Gebäuden sind das Vorhandensein von Nahrungsflächen in der näheren Umgebung sowie vor allem die Akzeptanz der menschlichen Bewohner.

An besonnten, wettergeschützten Fassaden kann man zusätzlich Nisthilfen und künstliche Lehmwände für Insekten anbringen. Da Vögel und Fledermäuse auch Kot hinterlassen, sollten all diese Nisthilfen nicht direkt über Fenstern und Türen angebracht werden, sondern besser versetzt daneben oder in fensterlosen Bereichen. Gelingt dies nicht, können auch sogenannte Kotbretter unter den Strukturen befestigt werden, die den Schmutz abfangen. Für die richtige Auswahl und das korrekte Anbringen geeigneter Nisthilfen bietet sich die Beratung durch regionale Naturschutzverbände an. Die jeweiligen Ortsgruppen kennen den Handlungsbedarf meist sehr gut und wissen, welche Tierarten derzeit dringend Nisthilfen benötigen sowie wo und wie diese anzubringen sind. So kann die Naturbeobachtung direkt vom Fenster oder Balkon aus losgehen!

//NaturRaum//
Mitsubishi Electric

Naturnahes Öffentliches Grün
Jeder m² zählt
Heimisch statt exotisch

leben.natur.vielfalt
das Bundesprogramm
PIKOPARK TREFFPUNKT VIELFALT
www.pikopark.de
Willkommen im PIKOPARK
Anwohnerinnen und Anwohner haben hier gemeinsam einen Ort zum Wohlfühlen für Mensch und Natur geschaffen. Durch die naturnahe Bepflanzung bietet der kleine Park das ganze Jahr über vielfältigen Lebensraum und Nahrung für Bienen, Schmetterlinge und Co.
Hier können Sie hinhören, fühlen und beobachten. Viel Spaß dabei!
Ein besonderer Dank geht an die Ev. Johannes-Kirchengemeinde, die die Kornelkirsche gespendet hat sowie an das Quartiersmanagement Pennenfeld.
WILA Wissenschaftsladen Bonn
CALLUNA
natürlich grün
VEBOWAG

Natur macht glücklich – Wünsche als Ressourcen nutzen

Begeisterung ist ansteckend: Information und Beteiligung als Voraussetzung

Wir lieben naturnahe Umgebungen. Viele Untersuchungen zeigen, dass Flächen mit einer hohen Biodiversität vielen Menschen gefallen und dass sie gerne zur Erholung aufgesucht werden. Selbst wenn die einzelnen Pflanzen- und Tierarten nicht erkannt werden, so wird doch die Vielfalt erlebt und trägt zum Wohlbefinden bei. Mehr als zehn Vogelarten, die vom Bürofenster aus beobachtet werden können, verbessern die Lebensqualität so stark wie die Erhöhung des Gehalts um eine Lohnstufe. Das ist das Ergebnis einer aktuellen Studie der Universität Kiel, des Deutschen Zentrums für integrative Biodiversitätsforschung und der Gesellschaft für Naturforschung Senckenberg mit 26.000 Teilnehmenden aus 26 europäischen Ländern. Dabei wurde analysiert, wie die Artenvielfalt in der Umgebung der Teilnehmenden und ihre Lebenszufriedenheit zusammenhängen.

Da ist es zunächst merkwürdig, dass es bei naturnahen Umgestaltungen auch zu Akzeptanzproblemen kommen kann. Das hat verschiedene Gründe: Einmal wirkt jede Veränderung erst einmal befremdlich, zum anderen sind unbekannte Pflanzen für viele Menschen »Unkraut«. Dass eine unbekannte Pflanze oder besser eine Pflanze, die nicht als Gartenpflanze erkannt werden kann, mit Absicht gepflanzt oder gesät wird, ist für viele ungewohnt.

Eine gute Gestaltung naturnaher Flächen unterstreicht, dass diese tatsächlich so gewollt sind. Information über die Arten, die hier gefördert werden sollen, lädt zur Naturbeobachtung und zum Naturerlebnis an. Besonders nachhaltig sind aber naturnahe Umgestaltungen, wenn die Nutzerinnen und Nutzer mit ihren Wünschen einbezogen werden. Die Umgestaltung wird so zu einem Projekt, mit dem sie sich identifizieren, weil sie es als Verwirklichung ihrer eigenen Bedürfnisse, als »Selbstwirksamkeit«, erleben.

◄ Schön gestaltete Hinweistafeln wecken Interesse und erhöhen die Akzeptanz.

Für naturnahe Umgestaltungen entwickelt: das »Dillinger Modell«

An der Lehrerakademie in Dillingen haben Manfred Pappler und Reinhard Witt das Konzept der »Zukunftswerkstatt« von Robert Jungk so weiterentwickelt, dass sehr heterogene Gruppen erfolgreich gemeinsam planen können. Der Vorteil dieser Vorgehensweise ist, dass hier erst einmal »Traumgartenmodelle« gebaut werden. Zu Beginn wird also ganz praktisch mit den Händen gebaut und quasi gedacht. Es wird nicht lange geredet, sondern die Umgestaltung wird sofort experimentell und spielerisch in Angriff genommen. Für die Modelle stehen verschiedene Naturmaterialien wie Moos, Sand, Kies, kleine Steine, Blumenerde, Ästchen oder getrocknete Staudenstängel zur Verfügung. Dann nimmt der Bau der Modelle erstaunlich oft schon naturnahe Bautechniken wie den Trockenmauerbau oder einfache Holzkonstruktionen vorweg.

Zwei wichtige Fragen

Der Prozess steht unter zwei wichtigen Fragestellungen: »Was wollen wir erleben?« Und: »Was können wir selber bauen, damit diese Erlebnisse möglich werden?«

Es geht also nicht um die Frage »Was wollen wir haben?«, womit eine unproduktive Diskussion des Budgets vermieden wird. Durch die strukturierte Auswertung der Traumgartenmodelle entsteht ein Anforderungsprofil, also eine Auflistung der gewünschten Funktionen, zum Beispiel: Plätze für Kommunikation in kleinen Gruppen, Orte des meditativen Naturerlebens, Flächen mit spezifischen Spielherausforderungen und so weiter. Immer wieder entstehen in solchen Prozessen überraschend individuelle und kreative Ideen. Die Funktionswünsche, die auf der »Hitliste« stehen, werden dann in einem letzten Schritt auf der zur Verfügung stehenden Fläche verortet, sodass am Ende der Veranstaltung schon ein einfacher Plan des umgestalteten Geländes vorliegt.

Voraussetzung dafür ist, dass die Moderatorin oder der Moderator eine gründliche Grundlagenermittlung durchgeführt hat und bei der Verortung der Funktionswünsche die Randbedingungen (Budget, Anforderungen der Kommune, der Feuerwehr, Leitungen, naturschutzfachliche Festsetzungen etc.) kennt. Da der Prozess sich aber auf die Funktionswünsche konzentriert, können diese Sachzwänge in die konkrete Ausgestaltung, also die Art und Weise der Verwirklichung, einfließen. Sie werden dann nicht als Zwang, gegen den es zu kämpfen gilt, erlebt.

Praktische Umsetzung

Ein bewährter Ablauf, für den je nach Anzahl der Teilnehmenden vier bis sechs Stunden Zeit benötigt werden, sieht folgendermaßen aus:

- Ankommen, die Teilnehmenden können sich aus ausliegenden Fotos von naturnahen Grünflächen, Gärten und Naturerlebnisräumen ein oder zwei Fotos aussuchen, die ihnen besonders gut gefallen. An Hand dieser Bilder können sie sich und ihre Beweggründe für das Mitmachen vorstellen.
- Alle ausgewählten Bilder werden bei der Vorstellungsrunde nach den vier Hauptfunktionen »Naturerlebnis«, »Ruhe und Kommunikation, »Spiel und Bewegung« und »Kreativität« auf Plakaten angeordnet. Die Plakate bleiben während der Veranstaltung gut sichtbar.
- Nun werden in Kleingruppen (zu viert oder zu sechst) in vorbereiteten Kisten die Traumgartenmodelle gebaut. Die Modelle sind reine Fantasiemodelle, es gibt keine Begrenzungen durch das Planen einer konkreten Fläche oder durch das Budget. Gerade das Undenkbare ist erwünscht.

- Die Modelle werden im Gespräch mit den jeweiligen Gruppen ausgewertet, dabei geht es immer um die gebauten Funktionen, also welche Erlebnisse fantasiert wurden, nicht was gebaut wurde. Jeder Wunsch wird auf eine Moderationskarte geschrieben.
- An einer großen Wand werden die Karten, nach gleichartigen Wünschen und den oben beschriebenen Hauptfunktionen gruppiert, für alle sichtbar angeordnet.
- Die Auswertung »The winner is…« und »Besonders originell war die Idee …« wird mit der Gruppe diskutiert und schriftlich zusammenfasst.

Die Blätter mit der Zusammenfassung werden mitgenommen, wenn die Gruppe oder die besonders interessierten Teilnehmenden dann auf die umzugestaltende Fläche gehen und die Verortung der wichtigsten Funktionswünsche erarbeiten. Dies wird in einer einfachen Skizze festgehalten. Ursprünglich für Schulen entwickelt, hat sich das Dillinger Modell bewährt, um Nutzerinnen und Nutzer in die Neugestaltung naturnaher Flächen einzubeziehen, vor allem in altersgemischten Gruppen und in Gruppen mit unterschiedlichem Bildungsstand. Alle

Beteiligten können ihre Wünsche gleichberechtigt einbringen, unabhängig von der Fähigkeit, sich sprachlich gut auszudrücken und in Gruppen die eigenen Interessen durchzusetzen.

Ein informierter Blick erhöht den Naturgenuss

Im Garten wächst das Besondere, das, was es außerhalb des Gartenzaunes nicht gibt. Lange Zeit gab es außerhalb des Gartens die Fülle der Natur mit vielen einheimischen Pflanzen und Tieren, im Garten wurden besondere, exotische Pflanzen aus fernen Ländern umhegt. Im Grunde machen Naturgärtnerinnen und Naturgärtner heute genau dasselbe. Sie pflanzen besondere Pflanzen, die es außerhalb nicht (mehr) gibt: einheimische Wildpflanzen. Denn außerhalb des Zaunes einer naturnahen Fläche gibt es Schotterwüsten und viele exotische Pflanzen in Gärten und Parks. Und außerhalb der Städte und Dörfer auf intensiv bewirtschafteten Feldern und in Forsten ist die biologische Vielfalt oft sogar geringer als im besiedelten Raum, der immerhin noch viele verschiedene Strukturen und frei stehende Bäume aufweist.

Naturnah gestaltete Flächen, also Flächen, die die biologische Vielfalt mit einheimischen Wildpflanzen und unterschiedlichen Lebensräumen fördern sollen, sehen damit anders aus als konventionell gestaltete und gepflegte Flächen: Die vertrauten Gartenpflanzen fehlen, stattdessen gibt es viele unbekannte Wildpflanzen. Gehölze werden nicht im Formschnitt zu Kugeln oder Säulen zurechtgestutzt, sondern viele verschiedene Arten dürfen undurchdringliche Vogelschutzgehölze bilden. Wiesen und Säume werden nur hin und wieder gemäht und trockene Staudenstängel bleiben als Puppenstuben lange stehen.

Hier muss weniger gepflegt werden und das sieht dann, mit konventionell getrimmten Flächen verglichen, oberflächlich betrachtet, eben »ungepflegt« aus. Für viele ist zudem alles, was nicht als Gartenpflanze erkennbar ist, unerwünschtes »Unkraut«.

Andererseits gibt es viele Aktionen zur Förderung der biologischen Vielfalt im besiedelten Raum, Internetforen zur Bestimmung von Wildpflanzen oder Insekten wachsen und werden stark genutzt. Die Schweizer Untersuchung »BiodiverCity« fand heraus, dass die Zustimmung zu einer Grünflächengestaltung steigt, wenn vermittelt wird, dass bestimmte Tiere gefördert werden sollen. Jede naturnahe Umgestaltung sollte mit einer entsprechenden Öffentlichkeitsarbeit vorbereitet und begleitet werden. Insbesondere haben sich Infotafeln bewährt, auf denen Botschaftertiere gezeigt werden, die auf der Fläche auch tatsächlich

Raum für Begegnungen und Naturerlebnisse ist wichtig.

beobachtet werden können. Wenn dann noch erläutert wird, dass beispielsweise der Grüne Scheinbockkäfer trockene Staudenstängel braucht, um sich fortzupflanzen, dann sehen Bürgerinnen und Bürger diese plötzlich mit anderen Augen. Geschmack ändert sich und lässt sich verändern.

Neben der Erläuterung durch Informationen ist es dann natürlich auch wichtig, dass die Flächen erkundet und erlebt werden können, ohne den gestalterischen und biodiversitätsfördernden Begrünungserfolg zu gefährden: Rasenwege in Blumenwiesen lassen uns in das Gesumm und Gekrabbel der Wiese eintauchen. Seitliche Einfassungen, gerne auch aus bogenförmig in den Boden gesteckten Ästen, verhindern, dass die gesamte Wiese betreten wird. Sitzgelegenheiten sind wichtig, damit Nutzerinnen und Nutzer wieder die wunderbare Entspannung der selbstvergessenen Naturbetrachtung erleben können.

Und damit auch schon vor der Begegnung mit erläuternden Informationen der Eindruck einer gepflegten Fläche entsteht, kann es hilfreich sein, bei Flächen mit geringem Gestaltungsanspruch am Rand einen Streifen regelmäßig zu mähen. Das haben Studenten aus Tübingen im Rahmen der studentischen Aktion »Bunte Wiese« herausgefunden und folgerichtig wird dieser Streifen jetzt der »Schwabenstreifen« genannt.

Was darf's denn sein?

Anregungen für vielfältige und bunte biodiversitätsfördernde Grünflächen

Im öffentlichen und gewerblichen Bereich gibt es verschiedene Grünflächentypen, die in den beiden folgenden Abbildungen ab Seite 148 dargestellt sind. Für die biodiversitätsfördernde Umgestaltung oder Weiterentwicklung der Flächen gibt es nun eine Vielzahl an Möglichkeiten, diese sind in den einzelnen Kapiteln ab Seite 37 beschrieben. Wie diese sich hinsichtlich des Aufwands bei der Anlage und Pflege unterscheiden, kann der Tabelle auf Seite 196 entnommen werden. Für die praktische Umsetzung einfach die Nummer des Grünflächentyps in der Abbildung heraussuchen und die passenden Gestaltungsmöglichkeiten, die bei den jeweiligen Ziffern auf dieser Doppelseite und den Seiten 150 und 151 aufgelistet sind, auswählen. Je nach Umgebung und Funktion der Flächen wird sich die eine oder andere Gestaltung oder eine Kombination aus verschiedenen Elementen anbieten.

Gewerbliche Grünfläche

① **Ausgleichsflächen, potenzielle Erweiterungsflächen**
Wildsträucher (S. 43), Bäume (S. 48), Pflegeumstellung (S. 55), Blumenkräuterrasen (S. 72), Blumenwiese (S. 76), Saum (S. 80), Beweidung (S. 85), wilde Ecken (S. 87), Versickerungsfläche (S. 116), Kleingewässer (S. 120), Lebensraumholz (S. 125), Asthaufen (S. 127), Steinhaufen (S. 128), Vogeltränke (S. 130), Rohbodenfläche (S. 132)

② **Retentionsflächen**
Pflegeumstellung (S. 55), Blumenwiese (S. 76), Saum (S. 80), Beweidung (S. 85), wilde Ecken (S. 87), essbare Pflanzen (S. 112), Versickerungsfläche (S. 116), Kleingewässer (S. 120), Lebensraumholz (S. 125), Asthaufen (S. 127), Steinhaufen (S. 128), Rohbodenfläche (S. 132)

③ **Begleitgrün bei Flächen für den ruhenden Verkehr**
gestalterisch anspruchsvolle Bepflanzung (S. 37), Wildsträucher (S. 43), Bäume (S. 48), Wildstaudenbeet mit Bodenaustausch (S. 64), Frühblüher (S. 89), Wildblumenschotterrasen (S. 93), Fugenbegrünung (S. 97),

④ **Dächer extensiv**
Einsaat einjähriger Wildkräuter (S. 58), Einsaat kurzlebiger Wildstauden (S. 61), Dachbegrünungen (S. 104), Kleingewässer (S. 120), Lebensraumholz (S. 125), Asthaufen (S. 127), Steinhaufen (S. 128), Vogeltränke (S. 130), Rohbodenfläche (S. 132)

⑤ **Flächen für den ruhenden Verkehr**
wilde Ecken (S. 87), Wildblumenschotterrasen (S. 93), Fugenbegrünung (S. 97)

⑥ **Dächer mit Aufenthaltsqualität**
gestalterisch anspruchsvolle Bepflanzung (S. 37), Wildsträucher (S. 43), Bäume (S. 48), Wildstaudenbeet mit Bodenaustausch (S. 64), Blumenkräuterrasen (S. 72), Blumenwiese (S. 76), Saum (S. 80), Frühblüher (S. 89), Wildblumenschotterrasen (S. 93), Fugenbegrünung (S. 97), Trockenmauer (S. 100), Dachbegrünungen (S. 104), Fassadenbegrünung (S. 108), essbare Pflanzen (S. 112), Kleingewässer (S. 120), Lebensraumholz (S. 125), Asthaufen (S. 127), Steinhaufen (S. 128), Vogeltränke (S. 130), Rohbodenfläche (S. 132)

⑦ **Flächen an Fassaden**
gestalterisch anspruchsvolle Bepflanzung (S. 37), Pflegeumstellung (S. 55), Saum (S. 80), wilde Ecken (S. 87), Fassadenbegrünung (S. 108), essbare Pflanzen (S. 112), Lebensraumholz (S. 125), Rohbodenfläche (S. 132)

⑧ **Zäune und andere Abgrenzungen an der Grundstücksgrenze**
gestalterisch anspruchsvolle Bepflanzung (S. 37), Wildsträucher (S. 43), Bäume (S. 48), Wildstaudenbeet mit Bodenaustausch (S. 64), Saum (S. 80), wilde Ecken (S. 87), Trockenmauer (S. 100), Fassadenbegrünung (S. 108), Lebensraumholz (S. 125), Asthaufen (S. 127), Vogeltränke (S. 130)

⑨ **Mitarbeitergarten an Kantine, Pausenplatz**
gestalterisch anspruchsvolle Bepflanzung (S. 37), Wildsträucher (S. 43), Bäume (S. 48), Blumenkräuterrasen (S. 72), Frühblüher (S. 89), Wildblumenschotterrasen (S. 93), Fugenbegrünung (S. 97), Trockenmauer (S. 100), essbare Pflanzen (S. 112), Kleingewässer (S. 120), Lebensraumholz (S. 125), Asthaufen (S. 127), Steinhaufen (S. 128), Vogeltränke (S. 130), Rohbodenfläche (S. 132)

⑩ **»Vorgarten«** (Flächen zwischen Hauptgebäude und Straße)
gestalterisch anspruchsvolle Bepflanzung (S. 37), Wildsträucher (S. 43), Bäume (S. 48), Blumenkräuterrasen (S. 72), Blumenwiese (S. 76), Frühblüher (S. 89), Trockenmauer (S. 100)

⑪ **Befestigte Flächen am Haupteingang**
Fugenbegrünung (S. 97), Trockenmauer (S. 100)

⑫ **Flächen an der Hauptzufahrt für Lieferanten**
Wildsträucher (S. 43), Bäume (S. 48), Blumenwiese (S. 76), Saum (S. 80), wilde Ecken (S. 87), Wildblumenschotterrasen (S. 93), Fugenbegrünung (S. 97), Versickerungsfläche (S. 116), Lebensraumholz (S. 125), Steinhaufen (S. 128), Vogeltränke (S. 130), Rohbodenfläche (S. 132)

①
②
④
②
⑩
⑫
⑪

④
⑤
⑥
⑦
①
⑧
⑨

Öffentliche Grünflächen

(siehe Abbildung auf den Seiten 152 und 153)

① **Wasserhochbehälter mit Grünfläche**
Wildsträucher (S. 43), Pflegeumstellung (S. 55), Beweidung (S. 85), wilde Ecken (S. 87)

② **ungenutzte Flächen am Straßenrand, Grasflur**
Wildsträucher (S. 43), Bäume (S. 48), Pflegeumstellung (S. 55), Blumenkräuterrasen (S. 72), Blumenwiese (S. 76), wilde Ecken (S. 87), Versickerungsfläche (S. 116), Lebensraumholz (S. 125), Asthaufen (S. 127), Steinhaufen (S. 128), Rohbodenfläche (S. 132)

③ **Pflanzkübel mit »Blumenerde«** (nicht strukturstabiles Substrat)
Einsaat kurzlebiger Wildstauden (S. 61), Frühblüher (S. 89), essbare Pflanzen (S. 112)

④ **Kreisverkehr (Mittelinsel) und Fahrbahnteiler**
gestalterisch anspruchsvolle Bepflanzung (S. 37), Wildsträucher (S. 43), Bäume (S. 48), Wildstaudenbeet mit Bodenaustausch (S. 64), Frühblüher (S. 89), Trockenmauer (S. 100), Lebensraumholz (S. 125), Asthaufen (S. 127), Steinhaufen (S. 128), Rohbodenfläche (S. 132)

⑤ **Spielplatz,** siehe Park ⑯

⑥ **Bepflanzung an Kapellen, Denkmälern, Wegkreuzen**
gestalterisch anspruchsvolle Bepflanzung (S. 37), Wildsträucher (S. 43), Bäume (S. 48), Wildstaudenbeet mit Bodenaustausch (S. 64)

⑦ **Böschung mit Sträuchern**
Bäume (S. 48), Saum (S. 80), wilde Ecken (S. 87), Lebensraumholz (S. 125), Asthaufen (S. 127)

⑧ **Steile Böschung mit Bäumen**
Wildsträucher (S. 43), Pflegeumstellung (S. 55), Saum (S. 80), Beweidung (S. 85),

⑨ **Straßenbegleitgrün mit Sträuchern und Bäumen**
gestalterisch anspruchsvolle Bepflanzung (S. 37), Pflegeumstellung (S. 55), Saum (S. 80), wilde Ecken (S. 87), Lebensraumholz (S. 125)

⑩ **Grasfläche mit Bank**
Bäume (S. 48), gestalterisch anspruchsvolle Bepflanzung (S. 37), essbare Pflanzen (S. 112)

⑪ **Steile Böschung ohne Bäume**
Wildsträucher (S. 43), Bäume (S. 48), Pflegeumstellung (S. 55), Beweidung (S. 85), wilde Ecken (S. 87)

⑫ **Brachfläche, Bauerwartungsland**
Einsaat einjähriger Wildkräuter (S. 58), Einsaat kurzlebiger Wildstauden (S. 61)

⑬ **Grasfläche ohne Nutzung und ohne Baum**
Wildsträucher (S. 43), Bäume (S. 48), Pflegeumstellung (S. 55), Blumenkräuterrasen (S. 72), Blumenwiese (S. 76)

⑭ **Retentionsfläche**
gestalterisch anspruchsvolle Bepflanzung (S. 37), Pflegeumstellung (S. 55), Blumenwiese (S. 76), Saum (S. 80), Beweidung (S. 85), wilde Ecken (S. 87), Versickerungsfläche (S. 116), Kleingewässer (S. 120)

⑮ **Natürliche Wasserfläche**
Wildsträucher (S. 43), Bäume (S. 48), Pflegeumstellung (S. 55), Saum (S. 80), wilde Ecken (S. 87), Frühblüher (S. 89), Trockenmauer (S. 100), Lebensraumholz (S. 125), Asthaufen (S. 127), Steinhaufen (S. 128), Vogeltränke (S. 130), Rohbodenfläche (S. 132)

⑯ **Park, verschiedene Teilflächen**
gestalterisch anspruchsvolle Bepflanzung (S. 37), Wildsträucher (S. 43), Bäume (S. 48), Pflegeumstellung (S. 55), Einsaat einjähriger Wildkräuter (S. 58), Einsaat kurzlebiger Wildstauden (S. 61), niedrige Wildstauden ohne Bodenaustausch (S. 61), Wildstaudenbeet mit Bodenaustausch (S. 64), Blumenkräuterrasen (S. 72), Blumenwiese (S. 76), Saum (S. 80), wilde Ecken (S. 87), Frühblüher (S. 89), Wildblumenschotterrasen (S. 93), Fugenbegrünung (S. 97), Trockenmauer (S. 100), Dachbegrünungen (S. 104), Fassadenbegrünung (S. 108), essbare Pflanzen (S. 112), Versickerungsfläche (S. 116), Kleingewässer (S. 120), Lebensraumholz (S. 125), Asthaufen (S. 127), Steinhaufen (S. 128), Vogeltränke (S. 130), Rohbodenfläche (S. 132)

⑰ **Kleine Baumscheibe**
gestalterisch anspruchsvolle Bepflanzung (S. 37), niedrige Wildstauden ohne Bodenaustausch (S. 61), Frühblüher (S. 89)

⑱ **Schotterfläche, Parkplatz**
Wildsträucher (S. 43), Bäume (S. 48), wilde Ecken (S. 87), Wildblumenschotterrasen (S. 93), Fugenbegrünung (S. 97), Versickerungsfläche (S. 116)

⑲ **Friedhof und Bepflanzung an Kirchen,** siehe Park ⑯

⑳ **Straßenbegleitgrün, nur Rasen, ohne Bäume**
gestalterisch anspruchsvolle Bepflanzung (S. 37), Wildsträucher (S. 43), Bäume (S. 48), Pflegeumstellung (S. 55), Wildstaudenbeet mit Bodenaustausch (S. 64), Blumenwiese (S. 76), Versickerungsfläche (S. 116)

㉑ **Pflanzkübel mit Dauersubstrat**
gestalterisch anspruchsvolle Bepflanzung (S. 37), essbare Pflanzen (S. 112)

㉒ **Straßenbegleitgrün, derzeit mit Wechselbepflanzung oder Stauden**
gestalterisch anspruchsvolle Bepflanzung (S. 37), Wildstaudenbeet mit Bodenaustausch (S. 64), Frühblüher (S. 89)

㉓ **Grasfläche unter einem Baum**
Pflegeumstellung (S. 55), gestalterisch anspruchsvolle Bepflanzung (S. 37), niedrige Wildstauden ohne Bodenaustausch (S. 61)

1
2
3
4
5
17
18
19
20
21
22
23

6
7
8
9
10
11
12
13
14
15

Die Herausgeber

Heinz Sielmann Stiftung

Die Heinz Sielmann Stiftung wurde 1994 von Prof. Heinz Sielmann und seiner Frau Inge gegründet. Schwerpunkte der Arbeit sind das unmittelbare Naturerleben insbesondere von Kindern und Jugendlichen, der Erhalt letzter Refugien für seltene Tier- und Pflanzenarten, die Sensibilisierung der Öffentlichkeit für den Naturschutz und die Bewahrung des filmischen Erbes von Naturfilmpionier Heinz Sielmann. Im Jahr 2013 kam mit dem BfN geförderten Projekt »Naturnahe Gestaltung von Firmengeländen« ein weiteres Betätigungsfeld der Stiftung hinzu, mit dem langfristigen Ziel der Schaffung wertvoller Kleinstbiotope und damit wichtiger Habitate und Rückzugsgebiete für die lokale Flora und Fauna im Siedlungsraum. Seitdem berät die Heinz Sielmann Stiftung Unternehmen in ganz Deutschland zur naturnahen Gestaltung ihrer Grundstücke, begleitet die Vorhabenrealisierung, überprüft die Wirksamkeit der umgesetzten Maßnahmen und unterstützt den Prozess mit Schulungen und Öffentlichkeitsarbeit. Damit solche Maßnahmen nachhaltig die Artenvielfalt schützen und fördern, bedarf es allerdings eines auf die naturnah gestalteten Bereiche angepassten Pflegekonzeptes, welches in konventionellen Berufen meist nicht vermittelt wird. Entsprechend sind die Idee und Initiation zur Gestaltung dieses Buches entstanden, welches die benannte Wissenslücke schließen soll.

»Naturnah gestaltete Flächen sind die grünen Lungen unserer Städte. Sie bieten wertvollen Lebensraum für Pflanzen und Tiere, regulieren das Stadtklima und steigern die Lebensqualität für uns Menschen. Das vorliegende Praxishandbuch bietet konkrete Anleitungen, wie sich verschiedenartige Flächen im öffentlichen und gewerblichen Umfeld naturnah aufwerten und nachhaltig weiterentwickeln lassen.«

Carolin Ruh, Vorstand der Heinz Sielmann Stiftung

Der NaturGarten e. V. ist ein bundesweit tätiger gemeinnütziger Verein mit über 4000 Mitgliedern, die in knapp 40 Regionalgruppen tätig sind. Er setzt sich für die Förderung von Naturschutz im besiedelten Raum, insbesondere für die Gestaltung von naturnahen Gärten und Grünflächen ein. Der NaturGarten e. V. zertifiziert »Fachbetriebe für naturnahes Grün – empfohlen von Bioland« und bietet eine zweijährige berufsbegleitende Fortbildung zum »Naturgarten-Profi« an. Naturnahe Flächen können von ausgebildeten Naturgartentestern geprüft und gegebenenfalls prämiert werden. Jedes Jahr werden neben den Naturgartentagen, der Jahrestagung mit Vorträgen und Workshops, die sich dem gesamten Themenspektrum rund ums naturnahe Grün widmen, auch Regionaltage zur naturnahen Gestaltung von öffentlichen Grünflächen veranstaltet.

In Zeiten der Klimakrise haben naturnahe Flächen große Vorteile: Aufgrund der versickerungsoffenen Bauweisen beugen sie Schäden durch Starkregen und Hochwasser vor und kühlen die unmittelbare Umgebung durch die Verdunstungskälte der Pflanzen. Es gibt zudem viele einheimische Wildpflanzen, die an heiße und trockene Standorte angepasst sind. Solche Gestaltungen fördern nicht nur die Biodiversität, sie sind pflegeleicht und eignen sich besonders für öffentliche und gewerbliche Freiflächen.

»Wir brauchen Gegenentwürfe zu den herkömmlichen Ansätzen, Regeln und Vorschriften. Denn die haben in Vergangenheit oft dann versagt oder verhindert, wenn es um Biodiversität, Artenschutz oder Klimawandel ging. Dieses Buch ist ein Praxisbuch, aufgeschrieben von Menschen, denen genau diese Themen am Herzen liegen. Mehr noch, deren tägliche Praxis genau das ist. Aus dieser Erfahrung wissen sie, dass und wie es anders geht. Sie wissen und haben es am eigenen Leib erfahren, dass eine bessere Welt machbar wäre. Ihre Entwürfe verhindern nicht, sie ermöglichen biologische Vielfalt.«

Dr. Reinhard Witt, Präsident NaturGarten e. V.

D'Naturparken zu Lëtzebuerg
... een Insekteräich

Der Naturpark Our, gegründet im Jahre 2005, ist einer von drei Naturparks in Luxemburg und liegt in den Ardennen, im nördlichen Teil Luxemburgs im Dreiländereck Belgien, Deutschland und Luxemburg. Auf einer Fläche von 454 km² und mit rund 27 500 Einwohnern haben sich neun Gemeinden mit dem gemeinsamen Ziel zusammengetan, Naturschutz und die ökonomische Entwicklung der Region ins Gleichgewicht zu bringen.

Die Naturparks in Luxemburg stehen seit mehr als 20 Jahren für eine nachhaltige Regionalentwicklung und gehören damit zu den wichtigen Akteuren für Umwelt- und Artenschutz. Aus diesen Gründen wurde 2020 unter der Federführung des Naturparks Our ein breitangelegtes Projekt »D'Naturparken zu Lëtzebuerg – (een) Insekteräich« zum Thema Insekten und deren Schutz in den Luxemburger Naturparken gestartet. Finanziert wird das Projekt durch den Umweltfonds des Umweltministeriums. Ziel des Projektes ist es, alle Akteure der Regionen (öffentliche Träger, Privathaushalte, Landwirte und Betriebe) für das Thema zu sensibilisieren und gemeinsam mit ihnen wirksame Maßnahmen umzusetzen.

Im Rahmen des Projektes wird auch der Austausch mit nationalen und internationalen Initiativen gesucht, um Synergien zu nutzen. Durch die Zusammenarbeit mit den anderen drei Herausgebern wurde dieses Buch realisiert.

»Gerade die öffentlichen Träger können als Förderer von naturnahen Grünflächen eine Vorbildrolle übernehmen und dadurch die Akzeptanz für naturnah gestaltete Flächen bei der Bevölkerung erhöhen und zur Nachahmung motivieren. Das Buch bietet den Praktikern das nötige Planungswissen für eine fachgerechte Umsetzung und Pflege, leistet somit einen wichtigen Beitrag zur Förderung der biologischen Vielfalt und lässt unsere Landschaften wieder zu einem ›Insektenreich‹ werden.«

Emile Eicher, Präsident des Naturpark Our

NaturparkOUR

Naturpark Mëllerdall Geopark

NATURPARK ÖEWERSAUER

Gefördert durch

LE GOUVERNEMENT
DU GRAND-DUCHÉ DE LUXEMBOURG
Ministère de l'Environnement, du Climat et de la Biodiversité

Fonds pour la protection de l'environnement

LE GOUVERNEMENT
DU GRAND-DUCHÉ DE LUXEMBOURG
Ministère du Logement et de l'Aménagement du territoire

Département de l'aménagement du territoire

UMWELT ZENTRUM HANNOVER E.V.

leben.natur.vielfalt das Bundesprogramm

Seit der Gründung 1992 initiiert, plant und betreut das Umweltzentrum Hannover Projekte, Kampagnen und Veranstaltungen zu unterschiedlichen Themen der Nachhaltigkeit. Hierzu zählen klimagerechte Ernährung, naturnahe Gestaltung, Solar- und Energieberatungen, Umweltbildung sowie Abfallvermeidung und Upcycling.Ein besonderer Fokus liegt dabei einerseits auf der Öffentlichkeitsarbeit sowie der Information und Beratung der Zivilgesellschaft, andererseits auf der umweltpädagogischen Arbeit mit Kindern und Jugendlichen.

Von Oktober 2019 bis September 2024 führt das Umweltzentrum Hannover das Projekt »Außenstelle Natur – Firmengelände naturnah gestalten« durch, welches im Bundesprogramm Biologische Vielfalt vom Bundesamt für Naturschutz mit Mitteln des Bundesministeriums für Umwelt, Naturschutz, nukleare Sicherheit und Verbraucherschutz sowie der Region Hannover gefördert wurde. »Außenstelle Natur« verfolgt das Ziel, die biologische Vielfalt langfristig in der Region Hannover zu erhöhen und das Bewusstsein hierfür zu steigern. Das Projekt hat mehrere Schwerpunkte: Die Beratung von Unternehmen zur insektenfreundlichen Gestaltung ihrer Außenflächen, die Sensibilisierung der Mitarbeitenden in Form von Informationsveranstaltungen und Workshops sowie die bundesweite Vernetzung zur Sichtbarmachung der ökologischen Relevanz naturnaher Firmenflächen. So ist auch die Mitwirkung des Umweltzentrum Hannover an diesem Buch entstanden.

Innerhalb von fünf Projektjahren wurden in der Region Hannover rund 60 Unternehmen beraten. 42 Betriebe wurden bei der naturnahen Umgestaltung ihrer Außenflächen begleitet. Damit entstanden eine große Anzahl an ökologisch aufgewerteten Flächen als dringend benötigter Lebensraum für Tiere und hochwertiger Aufenthaltsraum für den Menschen.

»Damit die biologische Vielfalt langfristig geschützt werden kann, sind wir alle gefragt. Dafür ist dieses Handbuch ein wertvoller Begleiter.«

Heike Hanisch, Geschäftsführerin Umweltzentrum Hannover e. V.

Gefördert durch:

Bundesministerium für Umwelt, Naturschutz, nukleare Sicherheit und Verbraucherschutz

aufgrund eines Beschlusses des Deutschen Bundestages

Bundesamt für Naturschutz

Region Hannover

AUSSEN STELLE NATUR Firmengelände naturnah gestalten

Gemeinsam Biodiversität fördern

Damit dieses Buch umgesetzt werden konnte, haben viele Menschen und Organisationen schnell und kompetent zusammengearbeitet. Ein besonderer Dank geht an die Ideengeberinnen Ute Geyer und Eva Stengel, die aufgezeigt haben, dass eine praxisnahe und handliche Fachliteratur zum Thema »Anlage und Pflege naturnaher öffentlicher Flächen« benötigt wird. Die Heinz Sielmann Stiftung (Dr. Martina Koch) hat im NaturGarten e. V. (Ulrike Aufderheide) einen fachlich versierten Partner zur Umsetzung gefunden. Gemeinsam konnten sie den pala-verlag von der Idee begeistern und für die Produktion eines solchen Buches gewinnen. Durch bereits laufende Kooperationsprojekte mit dem Naturpark Our (Annick Mousel) und dem Umweltzentrum Hannover e. V. (Noreen Hiery) war eine Zusammenarbeit naheliegend. Die dabei bereits erarbeiteten Inhalte fanden teilweise ebenfalls Eingang in dieses Buch. Ein großer Dank auch an Markus Kumpfmüller (REWISA-Fachbetrieb naturnahes Grün, Österreich), Peter Steiger (bioterra Naturgarten-Fachbetrieb, Schweiz) und Felix Hilgenstock (Fachbetrieb für naturnahes Grün – empfohlen von Bioland, Deutschland), die den Inhalt und die Praxistauglichkeit des Buches geprüft haben. Dadurch kann das Handbuch im gesamten deutschsprachigen Raum angewendet werden.

Vielen Dank an Stefanie Biel, Geschäftsstellenmitarbeiterin beim NaturGarten e. V., die als professionelle Fotografin viele schöne Pflanzenbilder und Naturerlebnisse eingefangen hat. In diesem Buch sind Flächen zu sehen, die geplant wurden von: Ulrike Aufderheide, Sebastian Frey, Renate Froese-Genz, Kerstin Gruber, Birgit Helbig, Jeannette Kebernik, Dorothea Schulte, Maria Stark, Christof Wegner und Reinhard Witt.

Nicht zuletzt bedanken wir uns bei allen, die naturnahe Flächen gestalten und ihre Begeisterung und Erfahrungen mit uns teilen.

◄ Das Flechtwerk aus Weidenruten ist ein passendes Symbol für das gemeinschaftliche Engagement. Gut vernetzt, wird vieles tragfähiger und schöner.

Beispielhafte Beschreibung von naturnahen Bauweisen

Haftungsausschluss

Die Anlage und Pflege naturnaher Flächen unterscheidet sich oft von den Arbeiten, die auf konventionellen Grünflächen gefordert und durchgeführt werden, da im naturnahen Gartenbau die Förderung bzw. eine möglichst geringe Schädigung der Biodiversität im Vordergrund steht. Die hier vorgelegten Texte sollen bei der Formulierung von Leistungsverzeichnis-Texten für naturnahe Flächen Hilfestellung geben. Sie sind – je nach Situation – durch weitere Textelemente zu ergänzen und passend auszuwählen (Auswahlmöglichkeiten werden durch → oder *Kursivschreibweise* sichtbar gemacht). Hier werden nur die Arbeiten beschrieben, die in der vorhandenen Literatur nicht oder nicht ausreichend behandelt werden. So werden zum Beispiel keine bautechnischen Bodenarbeiten oder Pflasterarbeiten beschrieben, da sich hier die Arbeiten im naturnahen Gartenbau von anderen Bauweisen allein durch die Förderung der Begrünung unterscheiden. Hier kann auf Musterleistungsverzeichnistexte, zum Beispiel die der Forschungsgesellschaft Landschaftsentwicklung Landschaftsbau e. V. (FLL), zurückgegriffen werden.

Die Textbeispiele sind vom Verwender eigenverantwortlich zu prüfen. Eine Haftung für Vollständigkeit und Richtigkeit wird ausdrücklich nicht übernommen.

Bei den Texten handelt es sich lediglich um Beispiele, welche Formulierungen bei einer Leistungsbeschreibung verwendet werden können. Sie sind nicht als Vorlage für ein Leistungsverzeichnis gedacht, da sie unvollständig sind und stets auf Aktualität und Rechtssicherheit, d. h. auf die in dem jeweiligen Nationalstaat geltenden Vorschriften und die geltende Rechtsprechung hin überprüft werden müssen. Sowohl die inhaltlichen Grundlagen der Textbeispiele als auch die Rechtslage sind in einer ständigen Entwicklung. Dies gilt vor allem für den Fall, dass der Auftrag dem Vergaberechtsregime unterliegt, sodass besonders formstrenge Vorschriften zu berücksichtigen sind.

Welche Leistung der Planer schuldet, richtet sich insbesondere nach dem mit seinem Auftraggeber geschlossenen Vertrag und den getroffenen Absprachen. Jedes Bauvorhaben ist individuell und bedarf daher einer individuellen Planung. Textbeispiele können lediglich der Orientierung dienen und Ideengeber sein, niemals aber eine eigenständige Planungsleistung ersetzen. Es ist daher zwingend erforderlich, dass der Planer auf Grundlage eigener Fachkompetenz und in Kenntnis des konkreten Projektes entscheidet, ob und wie die Textbeispiele dafür sinnvoll und richtig verwendet werden können. Wenn die Planungsleistung nicht aufgrund eigener Sachkunde erbracht und die Leistung nicht eigenverantwortlich beschrieben werden kann, sollte von der Verwendung der Textbeispiele grundsätzlich abgesehen werden; andernfalls besteht die Gefahr, Planungsfehler zu begehen und / oder Nachtragsstreitigkeiten zu verursachen.

Maschinen

Es sind ausschließlich:
- lärmarme und emissionsarme,
- akkubetriebene,
- handbetriebene

Maschinen und Geräte zu nutzen.

Schmieröle müssen biologisch abbaubar sein.

Gegebenenfalls: Dem Angebot ist eine Aufstellung der verwendeten Maschinen, Treib- und Schmierstoffe beizufügen.

Verboten sind besonders biodiversitätsschädigende Maschinen wie:
- Maschinen mit Absaugung von Schnittgut und Laubbläser,
- Mulchmäher,
- Kreiselmäher,
- Freischneider

sowie
- Pflegearbeiten mittels Hacken,
- chemischer Pflanzenschutz,
- Verwendung von Kunstdünger und Torfprodukten.

Zu erhaltende Bäume sind zu schützen nach DIN 18920 / ÖNORM L 1121. Insbesondere sind Nutzungen für Überfahrten, Auflasten und Abgrabungen im Traufbereich von Bäumen zzgl. 2 m nur nach besonderer Anweisung des Auftraggebers (AG) erlaubt.

Außerdem ist es verboten, Laub aus Gehölzflächen und nährstoffreichen Pflanzungen zu entfernen.

Lieferung von Saatgut und Pflanzen

Erlaubt sind ausschließlich Samen und Pflanzen mit echter heimischer Wildherkunft, keine Kultivare oder Genotypen, die aus langjähriger gärtnerischer Vermehrung stammen.

Die echte Wildherkunft muss nachgewiesen werden über die Zertifizierung der Lieferanten, z. B.:
- Fachbetriebe für naturnahes Grün (www.naturgarten-fachbetriebe.de),
- Zertifizierung durch den Verband der Wildsamen- und Wildpflanzenproduzenten e. V. (www.natur-im-vww.de),
- Zertifizierung nach den Richtlinien für Bioterra-Naturgartenfachbetriebe Produktion,
- REWISA- oder G-Zert-Zertifikat.

Ersatzlieferung von geforderten Arten/Mischungen nur nach Freigabe durch die Bauüberwachung.

Auf Flächen der freien Landschaft dürfen nur standortheimische Herkünfte verwendet werden.

Mindestanforderungen an das Wildpflanzensaatgut:
- technische Reinheit 80 %,
- Keimfähigkeit 70 %.

Herkunftsnachweise sind auf Anfrage des Auftraggebers vor Vergabe des Auftrags zu erbringen (Anbaubetrieb und Vermehrungsflächen können benannt werden).

Die Lieferung als Einzelsaaten bleibt vorbehalten.

Lieferung in geschlossenen Gebinden, Aussaat erfolgt erst nach Prüfung und Freigabe des Saatguts durch den Auftraggeber (AG).

Auf der Baustelle kann vor Ausbringung des Saatguts eine Rückstellprobe entnommen werden.

1. Wege und Plätze

1.0.1 Planungshinweise Wege und Plätze

Naturnah befestigte Oberflächenbefestigungen werden versickerungsoffen und begrünt angelegt. Die Tragfähigkeit und Dauerhaftigkeit (Aufbauhöhe, Verdichtungsgrad, Gefälle etc.) wird durch Beachtung der geltenden Regeln, z. B. gemäß den »Zusätzlichen Vertragsbedingungen für den Bau von Wegen und Plätzen außerhalb von Flächen des Straßenverkehrs«, FLL, in der aktuellen Fassung, im Folgenden »ZTV Wegebau«, sichergestellt. Naturnahe begrünte Oberflächenbefestigungen werden grundsätzlich aus Körnungen mit Null-Anteil aufgebaut, um den kapillaren Wasseraufstieg zu gewährleisten. Dies gilt auch für die Bettung und Fugenfüllung bei Pflaster- und Plattenbelägen. Eine weitere Verbesserung für die Begrünung von befestigten Flächen mit Wildpflanzen ist in der Regel nicht notwendig. Zur temporären Verbesserung der Wasserversorgung der Einsaat wird oberflächlich gütegesicherter Grünkompost verwendet.

1.0.2 Vorbemerkungen

Da bei versickerungsoffenen Bauweisen das Planum des Untergrundes Wasser ableitet, sind Gefälle und Ebenflächigkeit des Erdplanums/Unterbauplanums mit besonderer Sorgfalt zu erstellen und werden separat abgenommen.

Recycling-Schotter oder Mineralgemische aus Recycling-Baustoffen sind nicht erlaubt, da bei den versickerungsoffenen Bauweisen im Naturgartenbau ein Auswaschen von Umweltgiften nicht ausgeschlossen werden kann.

Bei der geforderten Bauweise »Blumenschotterrasen« handelt es sich um eine bewährte naturnahe Anlage, die noch nicht in den entsprechenden Normen behandelt wird. Mit Abgabe eines Angebotes erklärt sich der Bieter als fähig und bereit, diese Fläche wie ausgeschrieben herzustellen.

1.1. Naturnahe angelegte Oberflächenbefestigungen

1.1.1.	Einheit: m²	Blumenschotterrasen

Nutzungskategorie gemäß ZTV Wegebau: *N1; N2; N3.*

Lage der Fläche: ....

Erdplanum verdichten,
- → Verformungsmodul Ev2 mindestens 45 MN/m²,
- → Verdichtungsgrad D_{Pr} mind. *93 %/95 %,*
- → Neigung entsprechend der Neigung der Deckschicht: .... %, mind. 2 %.

Ggf. Frostschutzschicht aus Natursteinschotter; Kies, Körnung *0/45; 0/56/; 0/35,*

Höhe .... cm,

einbauen und verdichten.

Verformungsmodul Ev2

mind. .... *(80; 100; 120)* MN/m².

Tragschicht aus Natursteinschotter/Kies, korngestuftes Gemisch, Körnung *0/32; 0/45,*

Höhe .... cm,

einbauen und hohlraumarm verdichten.

Verformungsmodul Ev2

mind. .... *(80; 100; 120)* MN/m².

Tragdeckschicht aus Natursteinschotter, Körnung *0/16; 0/32,*

Höhe .... cm,

einbauen und vorverdichten.

Oberfläche aufrauen, z. B. manuell mittels Spitzhacke oder Stahlrechen,

.... *(1 - 3)* cm gütegesicherten Grünkompost aufbringen und oberflächlich bis maximal 5 cm tief einarbeiten.

Einsäen mit Spezialsaatgut, echte einheimische Wildpflanzen, trockenheitsangepasste Arten,

.... *(1 - 6)* g/m²,

aufbringen, nicht einarbeiten!

Endgültig verdichten, ggf. unter Wasserzugabe.

Verformungsmodul Ev2

mind. .... *(80; 100; 120)* MN/m²

Das Saatgut wird bauseits gestellt oder die Lieferung wird gesondert vergütet.

1.1.2.	Einheit: m^2	**Blumenschotterrasen (Alternative)**

Wassergebundene Wegedecke, hergestellt gemäß FLL, Fachbericht zu Planung, Bau und Instandhaltung von wassergebundenen Wegen.

Einsäen mit Spezialsaatgut, echte einheimische Wildpflanzen, trockenheitsangepasste Arten,

.... *(1 - 6)* g/m^2, ggf. einschließlich Schnellbegrünungszugabe,

gleichmäßig aufbringen, ggf. unter Zuhilfenahme von Saathelfer, z. B. feuchter Sand,

bei Aussaat von Hand kreuzweise säen,

2 Arbeitsgänge mit jeweils 50 % der Saatmischung,

anwalzen,

dann Aufstreuen der Oberflächenveredelung, Schaufelwurf,

Material: Einkornkies oder Einkornsplitt.

Steinart: ....

Körnung: ....

Das Saatgut wird bauseits gestellt oder Lieferung wird gesondert vergütet.

1.1.3.	Einheit: m^2	**Fugeneinsaat Pflasterfläche**

Wichtig: Die Oberkante der Fugenfüllung muss ca. 1 cm unter der Oberkante des Belages liegen, da sich sonst die Fugen durch die Nutzung verdichten.

Beim letzten Einfegen der Fugen Fugenfüllmaterial mit gütegesichertem Grünkompost mischen, im Verhältnis 1:1,

Saatgut zumischen,

Saatgutmischung: echte einheimische Wildpflanzen oder Einzelsaatgut der Arten.

Menge in g/m^2: ....

Aufstreuen und einfegen.

Das Saatgut wird bauseits gestellt oder Lieferung wird gesondert vergütet.

1.2. Einfassungen

1.2.1.	Einheit: m²	**Bankette aus hohlraumarm verdichtetem Schotter als naturnahe Einfassung von Pflasterflächen**

Breite in cm: ....

Dafür Tragschicht .... cm über Pflasterfläche hinausführen,

Natursteinschotter 0/32,

Steinart: ....

(Falls regional verfügbar, ist Kalkschotter zu bevorzugen, da latent hydraulisch.)

Höhe *11 - 15 cm,*

mit Tragschicht verzahnt,
s. beiliegende Zeichnung.

Als Wassergebundene Wegedecke unter Wasserzugabe hohlraumarm verdichten.

Verformungsmodul Ev2 mind. 120 MN/m².

(Randzeile der Pflasterdecke ggf. mit etwas Mörtel, Kantholz oder Brettern sichern, bis Bankette eingebaut wird.)

1.2.2.	Einheit: m	**Einfassung von Pflanzflächen**

Baumstämme,

Holzart: ....

Durchmesser: ....

mit/ohne Rinde,

standsicher einbauen, dafür leicht eingraben,

Breite der Fugen in mm: ....

scharfe Kanten abfasen, Radius in mm: .....

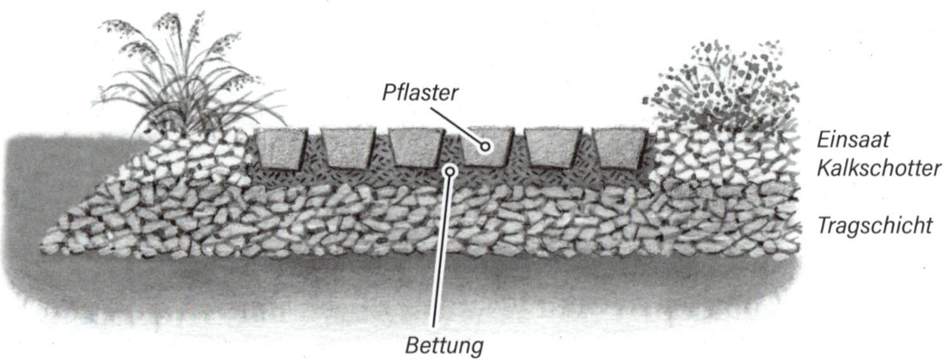

2. Baukonstruktionen

2.0. Planungshinweise für Baukonstruktionen

Im naturnahen Gartenbau werden Baukonstruktionen wenn möglich so gebaut, dass sie auch eine Lebensraumfunktion erfüllen. Bei Holzkonstruktionen wird heimisches dauerhaftes Holz verwendet, das ausschließlich konstruktiv geschützt wird. Wo das die geforderte Haltbarkeit nicht beeinträchtigt, kann die Lebensraumfunktion von aufrechten Holzkonstruktionen optimiert werden, indem sie an der Süd- und Südostseite mit Bohrlöchern für Wildbienen versehen werden.

Bei Trockenmauern wird die Lebensraumfunktion erweitert durch:

- Bepflanzung mit standortgerechten einheimischen Wildpflanzen,
- Vergrößerung der bautechnisch notwendigen mageren Standorte am Mauerfuß (Fundament) und auf der Mauerkrone (Hinterfüllung),
- absichtliches Zulassen von breiteren Fugen (jedoch noch filterstabil zur Hinterfüllung),
- Einbau von Hohlräumen,
- Einbau von Insektenniststeinen oder -hölzern,
- Einbau von Vorsprüngen als »Sonnenbänke« für Insekten oder Reptilien.

2.1. Trockenmauer

2.1.1.	Einheit: m²	Fundamentstreifen Trockenmauer

Breite in cm: ....

Tiefe in cm: ....

in vorbereitetem Graben,

Planum verdichten, Neigung 10 %,

Verformungsmodul Ev2 mind. 60 MN/m²,

Verdichtungsgrad D_{Pr} mind. 97 %,

Natursteinschotter/Kies, korngestuftes, hohlraumarm zu verdichtendes Gemisch,

Steinart: ....

Körnung: *0/56, 0/45, 0/32*

einbauen und verdichten,

Verdichtungsgrad D_{Pr} 100 %

Verformungsmodul Ev2 mind. 100 MN/m²

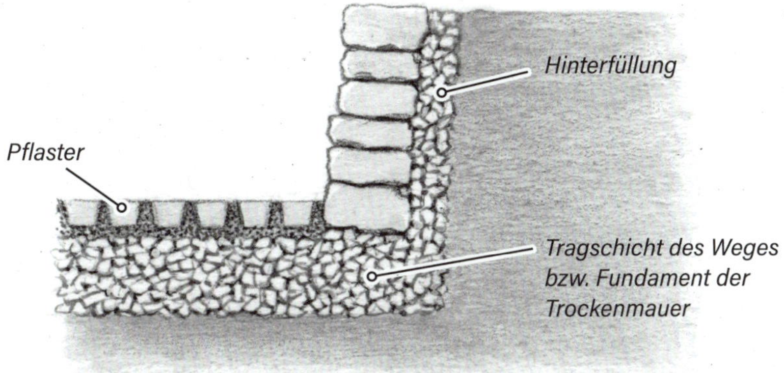

2.1.2.	Einheit: m	**Trockenmauer**

Natursteinmauerwerk gemäß FLL-Empfehlungen für Planung, Bau und Instandhaltung von Trockenmauern aus Naturstein oder SiA 2053 Trockenmauerwerk in Naturstein in der aktuellen Fassung, aus:

- → Naturstein-Trockenmauerbausteinen regionaler Herkunft,
- → aus Kunststein, wiederverwendet.

Frostfest,

Steinart: ....

Höhe der Mauer in cm: ....

Sichtbare Höhe der Mauer in cm: ....

Mauerwerkdicke am Mauerfuß in cm: ....

Mauerwerkdicke an der Mauerkrone in cm: ..

Einschließlich Hinterfüllung aus Natursteinschotter oder Kies,

Steinart: ....

Körnung: ....

Steinform: ....

Steinmaße:
Höhe: .... - .... cm,

Breite: .... - .... cm,

Länge: .... - .... cm.

Querschnittsgeometrie: *Rechteck vertikal; Rechteck geneigt; Parallelogramm; Trapez horizontal; Trapez geneigt; Fünfeck.*

Steinbearbeitung: *gering; bruchrau; spaltrau; hammergerecht.*

Mauerwerksverband: *Findlingsmauerwerk; Bruchsteinmauerwerk; Zyklopenmauerwerk; Bruchsteinschichtenmauerwerk; hammergerechtes Bruchsteinmauerwerk mit versetzten Lagerfugen und wechselnden Stein- und Schichthöhen; Bruchsteinährenmauerwerk.*

ggf. Schichthöhe: ....

ggf. Fugenverlauf: ....

Sichtbare Flächen:
bruchrau/bossiert/gestockt.

Keine Kreuzfugen,
keine Stoßfugen über mehr als 3 Steine.

Die Hintermauerung ist kraftschlüssig mit dem Gesamtbauwerk zu verbinden.

Große Steine als Basis und Decksteine sowie an Mauerenden, die obersten Steine dürfen nicht locker liegen.

Jeder dritte Stein als Binder,

bei notwendiger Hintermauerung oder doppelhäuptigen Trockenmauern 1 Durchbinder/m^2.

Überbindung der Fugen 1/3 der Steinlänge, mindestens 10 cm.

Bei lagerhaften Steinsorten das Lager des Steines parallel zur Lagerfuge.

Zwickel nur von hinten einsetzen.

Hinterfüllung reicht bis hinter Deckstein,

Hinterfüllung parallel zum Maueraufbau auffüllen und verdichten.

Horizontale Fugen nicht mit Schotter oder Erde auffüllen,

Stein ruht auf Stein.

Abrechnung nach Abwicklung sichtbare vertikale Ansichtsfläche.

2.1.3.	Einheit: Stück	**Biotopelement in Trockenmauer**

Niststein/Insektennistholz/Hohlraum/Steinvorsprung,

Maße: Höhe × Länge × Breite in cm =

.... cm × .... cm × .... cm.

Nach besonderer Anweisung der Bauleitung einbauen,

der kraftschlüssige Mauerverbund darf durch das Biotopelement nicht unterbrochen werden.

2.1.4.	Einheit: Stück	**Bepflanzung Trockenmauer**

Pflanzung im Bereich der Trockenmauern.

Die Pflanzen werden beim Aufbau der Trockenmauern mit »eingemauert«. Keine Lücke für Pflanzen in der Mauer, sondern in nach hinten sich öffnende Erweiterungen einlegen.

Im 9er-Topf,

unter Zugabe von gütegesichertem Grünkompost ins Pflanzloch,

Grünkompost mit Hinterfüllung mischen, etwa 0,5 l,

pflanzen, angießen.

Einschließlich Lieferung gütegesicherten Grünkomposts.

Pflanzen werden bauseits gestellt oder Lieferung wird gesondert vergütet.

2.2. Holzkonstruktionen

2.2.1.	Einheit: Stück	**Lebensraumholz/Totholz**

Aufrecht eingebaut als Gestaltungselement, auch als Teil einer Pergola oder Sichtschutzwand.

Pfosten,

heimische Holzart der Dauerhaftigkeitsklasse (gemäß DIN EN 350-2): ....

ohne Rinde und Splint.

Länge über Geländeoberkante in cm: ......

Mindestdurchmesser in cm: ....

Einbauen in Fundament aus gestampftem Natursteinschotter,

Tiefe in cm: ....

Steinart: ....

Körnung: *0/32; 0/45.*

2.2.2.	Einheit: Stück	**Bohrungen für Wildbienen als Zulage**

An der Süd- und Südostseite des Pfostens.

Anzahl der Bohrungen je Pfosten: ....

Durchmesser 2 - 10 mm, vorzugsweise 4 - 6 mm,

Bohrtiefe mindestens 10 cm,

im oberen Bereich der Pfosten.

Es dürfen keine Holzsplitter in die Bohrung ragen, ggf. nachschleifen.

maximaler Abstand vom oberen Ende: ......

Nach besonderer Anweisung des AGs oder Planzeichnung.

3. Wasseranlagen

3.0. Planungshinweise für Wasseranlagen

In naturnahen Gewässern werden ausschließlich oder bevorzugt echte einheimische Wildpflanzen verwendet. Die invasiven Neophyten der Feuchtbereiche werden durch Vögel leicht verbreitet. Deshalb ist darauf zu achten, dass diese biodiversitätsschädigenden Pflanzenarten nicht verwendet werden und ggf. entfernt werden, sollten sie spontan auftauchen. In naturnahen Wasseranlagen werden die Pflanzflächen relativ zur offenen Wasserfläche großzügig dimensioniert und artenreich bepflanzt. Im Bereich der offenen Wasserflächen werden submerse (unter Wasser lebende) Pflanzenarten verwendet. Am Gewässergrund schaffen Steine und am Ufer Steine und Totholz (Lebensraumholz) zusätzliche Lebensräume für Tiere. Auf Technik, insbesondere auf Saugpumpen, wird im Teich verzichtet, da in diesen zahlreiche Organismen zu Tode kommen. Wenn der Ausstieg für ins Wasser geratene Tiere, z. B. durch die Randgestaltung, erschwert ist, werden Ausstiegshilfen eingebaut, z. B. in das Wasser ragendes Totholz. Fische werden nicht eingesetzt, da diese, selbst wenn sie nicht gefüttert werden, Algenblüten begünstigen. Bei der Planung ist sorgfältig darauf zu achten, dass Oberflächenwasser dem Teich nicht direkt zugeführt wird. Dachablaufwasser wird separat versickert oder über eine Kaskade bepflanzter Becken vorgeklärt. Bäche und Wasserspiele werden nicht aus dem Teich gespeist. Die Wasserkörper von Bachläufen und Wasserspielen bleiben auch bei gestalterischem Zusammenhang getrennt, z. B. indem der Bachlauf aus einer Zisterne gespeist wird.

Dichtungen aus natürlichen Materialien sind besonders naturnah, sind aber nur auf größeren Flächen sinnvoll einsetzbar, da bei ihnen das Gefälle des Gewässergrundes nicht größer sein darf als 1:3 und es aufgrund der Schichtdicken von Abdichtung und Auflast zu einem zusätzlichen Abtrag von 0,35 - 0,7 m^3/m^2 kommt. Der Untergrund für Tondichtungen muss trocken und tragfähig sein, ggf. ist eine 15 - 20 cm dicke Tragschicht aus Schotter vorzusehen, bei Regen oder anfallendem Schichtenwasser ist ein Pumpensumpf vorzusehen (Bedarfspositionen).

Kalkstabilitdichtungen sind in der Schweiz bekannt und bewährt, werden aber in den gängigen deutschen Normen nicht behandelt. Verwender müssen sich dazu in jedem Fall fachlich und juristisch beraten lassen. Kalkstabilitdichtungen sind dann sinnvoll, wenn der anstehende Boden als Baumaterial verwendet werden kann. Dies muss über eine Bodenanalyse geprüft werden, die auch die notwendige Menge an Branntkalk ermittelt. Geforderte Eigenschaften des Bodens: Tongehalt mindestens 15 %, erforderliche Menge an Branntkalk 25 - 50 kg/m^3 Lehm. Auch sie werden mit einer Auflast versehen (20 - 50 cm dick).

Die Anlage von Versickerungsgräben und -mulden mit mineralischen Vegetationstragschichten entspricht den wechselfeuchten Schottern und Sanden im Überschwemmungsbereich nicht regulierter Flüsse. Sie entspricht zurzeit noch nicht den geltenden Regeln und muss im Einzelfall mit den zuständigen Stellen fachlich und juristisch abgestimmt werden.

3.1. Gedichtete Gewässer und Teiche

3.1.1.	Einheit: m^2	**Tondichtung**

In vorbereiteter Baugrube aus Tonelementen,
Fabrikat: ....

Fremdkörper wie Steine, Wurzeln etc. vom Untergrund entfernen,
Baugrund verdichten,
Verdichtungsgrad D_{Pr} mind. 95 %.

Aufbringen von thermisch verfestigtem Polyester-Geotextilvlies *200/260/300* g/m², Überlappung 50 cm.

Einbau der Tonelemente gemäß Einbauhinweisen des Herstellers,
Verkneten/Verdichten nur mit den vom Hersteller vorgegebenen Geräten,
Verdichtungsgrad D_{Pr} mind. 95 %.

Aufbringen von thermisch verfestigtem Polyester-Geotextilvlies *200/260/300* g/m²,
Überlappung 50 cm,

Aufbringen der Auflast aus kalk- und phosphatarmem
→ Kies,
→ Natursteinschotter,

Körnung: *0/35; 2/32,*
Schichtdicke in cm: ....
Auflastschicht planieren und leicht verdichten.

Ggf. Aufbringen von Kies als Vegetationstragschicht,
Körnung: ....
Schichtdicke 10 cm.
Hinweis: Pflanzung erfolgt in Pflanzkörben mit Teichsubstrat.

Die ausgelegten Elemente sind innerhalb der vom Hersteller vorgegebenen Zeit zu verdichten und sofort mit Vlies und Auflast abzudecken, ein Austrocknen oder Vernässen der Tonelemente auf der Baustelle ist unbedingt zu verhindern.

Die Tondichtung darf nicht befahren werden.

3.1.2.	Einheit: m	**Kapillarbrechende Randausbildung der Tondichtung**

Breite 50 cm.

Außerhalb der Tondichtung Vlies weiter nach außen und am Rand der Baugrube nach oben verlegen,
abdecken mit Natursteinschotter,
Körnung 8/32,
leicht verdichten.

3.2. Kalkstabilitdichtung

3.2.1.	Einheit: m^3	**Bodenmischung**

Herstellen aus Bodenaushub, auf der Baustelle lagernd.

Branntkalk (CaO), Anwendungsmenge in kg/m^3: ....

Aufbringen
- → von Hand,
- → maschinell mit Streugerät.

Gleichmäßig einarbeiten mittels
- → Scheibenegge,
- → Bodenfräse.

Die Mischung muss gleichmäßig gefärbt und krümelig sein.

Achtung: Während des Aufbringens des ätzenden Branntkalkes ist Staubbildung unbedingt zu vermeiden und Schutzkleidung zu tragen.

3.2.2.	Einheit: m^2	**Einbau der Kalkstabilitdichtung**

Einbau der Mischung frühestens nach vier Stunden, besser über Nacht lagern.

Die Mischung ist ggf. durch aufgelegte Folien vor Regen zu schützen.

Aufbringen in drei Schichten von 15 cm Dicke, sorgfältig verdichten mittels:
- → Vibrationswalze,
- → Schaffußwalze,
- → Igelwalze.

Verdichtungsgrad: ....

3.2.3.	Einheit: m^2	**Aufbringen der Auflast auf die Kalkstabilitdichtung**

Kies, Körnung 0/35,
Schichtdicke in cm: ....

einschließlich Grob- und Feinplanum.

3.3.	Einheit: m^2	**Schutzlage einer Foliendichtung bei Gefahr des Vandalismus**

Aufbringen einer Schutzlage aus Vlies 300 g/m^2 und einer Lage aus
- → Ortbeton *C8/10; C12/15; C20/25,* unter Verwendung von Trasszement, Schichtdicke 15 cm, einschließlich Verdichtung,
- → lehmigem Unterboden ohne humose Bestandteile und Steine, Schichtdicke 20 cm, einschließlich Verdichtung,
- → Betonplatten (bei ebenen Flächen).

Maße: Höhe × Breite × Länge in cm =

5 cm × .... cm × .... cm, einschließlich Bettung aus Sand, Körnung 0/2.

Dicke der Bettung 5 cm.

3.4.	Einheit: m²	Naturnahe Versickerungsanlage

In vorbereiteter Baugrube.

Die Versickerungsfläche darf während der gesamten Bauzeit nicht befahren oder anderweitig verdichtet werden.

Grob- und Feinplanum des Untergrundes,

Natursteinschotter; Kies;
Körnung: *0/16; 0/32;0/35,*

Höhe: .... cm aufbringen.

Gütegesicherten Grünkompost,
Schichtdicke in cm: ....
oberflächlich einarbeiten,
einschließlich Grob- und Feinplanum.

4. Biotopelemente

4.0. Planungshinweise für Biotopelemente

Biotopelemente dienen vor allem der Förderung bestimmter Artengruppen. Auch Asthaufen oder Steinhaufen können in einer ästhetisch ansprechenden Form angelegt werden oder schlüssig in gestalterische Konzepte eingebaut werden.

Die Elemente sind so anzulegen, dass sie die Lebensraumansprüche der Zielarten erfüllen. Wildbienennisthilfen werden nach Süden ausgerichtet und möglichst regengeschützt angebracht. Lehmpfützen für Schwalben müssen dauerhaft feucht, nicht zu weit entfernt vom Niststandort und frei anzufliegen sein. Offenbodenstellen für Insekten müssen gut besonnt sein und wenn möglich in leicht geneigtem Gelände liegen.

Eine Erdgrube, die ausschließlich mit holzigem Material gefüllt wird, dient als sogenannter Käferkeller der Förderung von Insekten im erdfeuchten Totholz.

4.1.	Einheit: m²	Habitatelement für Eidechsen (»Eidechsenburg«)

In vorbereitete Grube.

Maße: Länge × Breite × Tiefe in cm =

.... cm × .... cm × 100 cm.

Füllen mit Natursteinschotter,
Körnung: ....
15 cm hoch,

darauf mit Findlingen,
Mindestmaße: Länge × Höhe × Breite in cm:

.... cm × .... cm × .... cm

und Baumstümpfen/starkem Astholz,
Mindestmaße: Länge × Höhe × Breite in cm:

.... cm × .... cm × .... cm
im Volumenverhältnis 5:1
bis zur Geländeoberkante (GOK) füllen.

Hohlräume während des Aufbaus mit Sand,
Körnung: ....
füllen.

4.2.	Einheit: Stück	**Stein-/Asthaufen**

Maße: Länge × Höhe × Breite in cm =

.... cm × .... cm × .... cm.

Aufhäufen von Natursteinen (Findlinge/Krotzen/Schroppen/Überkorn),
Mindestmaße: Länge × Höhe × Breite in cm:

.... cm × .... cm × .... cm.

und/oder

Baumstümpfen/Astholz,
Mindestmaße: Länge × Höhe × Breite in cm =

.... cm × .... cm × .... cm.

im Volumenverhältnis von: ....

Ggf. Hohlräume während des Aufbaus füllen mit:

- Sand (Körnung: *0/2; 0/4; 0/8*),
- Laub, auf der Baustelle lagernd,
- Holzhackschnitzel (Körnung *5/30; 5/55; 5/60*).

4.3.	Einheit: m	**Gefasster Asthaufen (»Benjes-Hecke«)**

Breite in cm: ....

Höhe in cm: ....

Holzpfosten als Doppelreihe,
stehend einschlagen, bei Bedarf vorbohren.

Holzart: Robinie oder Eichenholz gespalten, unbehandelt.

Höhe der Pfosten in cm über GOK: ....

Länge der Pfosten in cm: ....

Durchmesser der Pfosten in cm: ....

Abstand der Pfosten in cm: ....

Zwischenraum füllen mit Astschnitt,
auf der Baustelle lagernd,
bis zu einer Höhe von .... cm.

4.4.	Einheit: m^2	**Rohbodenstandort auf vorhandenem Boden, Lehm-Entnahmestelle für Schwalben oder Wildbienen**

(Der Bereich muss offen liegen und darf nicht zu weit vom Niststandort entfernt sein!)

An Feuchtstelle die vorhandene Vegetation abschälen,

flache Mulde ausbilden,
mit Handstampfer leicht verdichten.

4.5.	Einheit: m^2	**Rohbodenstandort für Insekten auf vorhandenem Boden**

(Der Bereich muss gut besonnt liegen und darf sich nicht in einer Mulde befinden.)

Vorhandene Vegetation abschälen,
Untergrund darf nicht verdichtet werden,
Bodenbearbeitung nur bei trockenem Wetter.

4.6.	Einheit: m²	**Rohbodenstandort aus lehmigem Sand**

Lehmiger Sand:
- Füllkies,
- Wandkies,
- Mauersand nicht gewaschen, Körnung *0/1; 0/2; 0/4; 0/8,*

in vorhandene Grube,

Maße: Länge × Breite × Tiefe in cm =

.... cm × .... cm × .... cm,

einfüllen und mit Handstampfer leicht verdichten.

4.7. Biotopelemente für Dachbegrünungen

4.7.0. Planungshinweise für Dachbegrünungen

Vor allem extensive Dachbegrünungen unterliegen oft kaum Nutzungsansprüchen und sind deshalb störungsarme, magere und besonnte Standorte. Begrünt mit echten einheimischen Wildpflanzen möglichst standortheimischer Herkunft stellen sie vor allem für Fluginsekten einen wichtigen Lebensraum dar. Meist werden sie eher technisch monoton angelegt, wie andere Dachdeckungen auch. Die Lebensraumfunktion kann durch Schaffung verschiedener Kleinklimata und Oberflächenqualitäten erheblich verbessert werden. Die Tragfähigkeit der Unterkonstruktion vorausgesetzt, können so Dachlandschaften für viele Tiere geschaffen werden. Extensive Dachbegrünungen eignen sich in besonderem Maße für eine naturnahe Gestaltung, da es viele einheimische Pflanzenarten gibt, die an magere, besonnte Standorte angepasst sind. Auf eine automatische Bewässerung kann und sollte dann verzichtet werden.

4.7.1.	Einheit: m²	**Aufhügelung**

Gemäß Plan erstellen.

Maximale Höhe in cm: ....

Steil geneigte Bereiche ggf. mit Natursteinen, z. B. Lavakrotzen/Lavabrocken abfangen.

4.7.2.	Einheit: Stück	**Lebensraumholz/Totholz**

Starkäste/Baumstämme/Baumstümpfe,

Maße: Länge × Höhe × Breite in cm:

.... cm × .... cm × .... cm

Holzart: ....

stand- und windfest einbauen.

4.7.3. Temporäre Wasserfläche

4.7.3.1.	Einheit: m	Kapillarsperre der temporären Wasserfläche

Teichrand,
PE-HD Dichtungsbahn, Stärke 3 mm.

Höhe in cm: …………
gemäß Plan aufstellen,
Teilstücke dauerhaft verbinden,
mittels Schraubverbindung:
3 Stück je Überlappung.

Schrauben zum Schutz der Dichtungsfolie abdecken mit: ………………………

4.7.3.2.	Einheit: m²	Dichtung temporäre Wasserfläche

Untergrund und Teichrand abdecken mit Vlies, 300 g/m²,
Dichtung aus EPDM-Folie, Dicke in mm: …………
Folie über Teichrand legen,
Überstand mindestens 50 cm.
Innerhalb des Teichrands vollflächig abdecken mit Vlies 300 g/m².

4.7.3.3.	Einheit: m	Abdecken des Folienüberstandes außen

50 cm breit,
mit Einkornkies, Körnung: …………
bis 5 cm über die Höhe der Kapillarsperre,
Höhe in cm: …………

4.7.3.4.	Einheit: m²	Substrat der temporären Wasserfläche

Einkornkies, Körnung: …………

Schichtdicke in cm: …………

Zur Kapillarsperre anhügeln, sodass diese überdeckt ist.

4.7.4.	Einheit: m²	**Rohbodenfläche**

Gemäß Plan,

Maße: Länge × Breite in cm =

………. cm × …….. cm,

statt Dachbegrünungssubstrat
Aufbringen von lehmigem (ungewaschenem) Sand,
Körnung: ……./……. *(0/2; 0/4; 0/6; 0/8).*

4.7.5.	Einheit: m²	**Steinhaufen**

Gemäß Plan,

Maße: Länge × Breite × Höhe in cm =

.... cm × .... cm × .... cm

Steinart: ....

Steinmaße/Körnung: ....

Stand- und windsicher aufschichten.

Hohlräume sind erwünscht.

4.8.	Einheit: Stück	**Nisthilfe**

Für:

- Vögel, Art: ....,
- Fledermäuse,
- solitäre Wildbienen,
- Hummeln.

Fabrikat: ....

Nach besonderer Anweisung des AGs befestigen an: ....

mittels: ....

in der Höhe von .... cm.

Der Kasten darf sich bei Wind nicht bewegen.

Einflugloch/-löcher ausgerichtet nach Himmelsrichtung: ....

4.9.	Einheit: Stück	**Natursteinfindling mit Vogeltränke**

Findling,

Maße: Länge × Breite × Höhe in cm =

.... cm × .... cm × .... cm,

Steinart: ....

Nach besonderer Anweisung des AGs mit schalenförmiger Vertiefung versehen,

Durchmesser in cm (mind. 30 cm): ....

Tiefe am tiefsten Punkt in cm *(3 - 5 cm):* .....

5. Einsaaten und Pflanzungen

5.0. Planungshinweise für Einsaaten und Pflanzungen

Vor jeder Umwandlung sollte sorgfältig geprüft werden, ob das gewünschte Begrünungsziel nicht durch eine Pflegeumstellung erreicht werden kann. Wenn der vorhandene Bestand sich als artenarm oder naturschutzfachlich mangelhaft herausstellt (z. B. ehemals mit »Landschaftsrasen« unbekannter Herkunft eingesäte Flächen), ist eine Neuansaat vorzusehen.

Unabdingbar notwendige Voraussetzung für den Erfolg naturnaher Begrünungen ist die naturschutzfachlich korrekte Qualität des Saat- und Pflanzgutes. Hier muss es sich um echte einheimische Wildpflanzen handeln, die auch die innerartliche genetische Vielfalt auf die Flächen bringen. Bis vor Kurzem wurden im Gartenbau nur unbekannte, meist südeuropäische Herkünfte und züchterisch veränderte Kulturformen als »Landschaftsrasen« oder »Landschaftsgehölze« angeboten. Durch die Bevorzugung vegetativer Vermehrung handelt es sich, auch bei nicht qualitätsgesicherten Wildstauden, um genetisch verarmte Klone/Kultivare.

Wildpflanzeneinsaaten unterscheiden sich von normalen Raseneinsaaten in vielfältiger Weise. Aufgrund des geringen Tausendkorngewichtes beträgt die Saatmenge pro Quadratmeter nur wenige Gramm, es muss in der Regel ein Saathelfer zugesetzt werden. Die meisten Wildpflanzenarten sind Lichtkeimer, das Saatgut darf also nicht eingearbeitet werden, braucht aber einen guten Bodenkontakt, der durch Anwalzen erreicht wird. Außerdem zeichnen sich Wildpflanzensamen durch eine Keimhemmung aus, sodass ein Teil der Samen sofort, andere Teile aber erst nach Wochen oder Monaten oder auch Jahren keimen. Wildpflanzen, vor allem die Wildgräser, sind oft langsamwüchsig und konkurrenzschwach. Ein langsames und lückiges Auflaufen ist bei Wildpflanzeneinsaaten kein Qualitätsmangel. Auf keinen Fall darf Grassamen von Kultursorten zugemischt oder nachgesät werden.

Für Flächen in der freien Natur ist die standortheimische Herkunft des Saat-und Pflanzgutes durch eine Zertifizierung nachzuweisen, die eine Rückverfolgbarkeit bis zur Sammelfläche des ursprünglich aus der Natur entnommenen Ausgangssaatguts ermöglicht. Saatgut ist in verschlossenen Gebinden zu liefern. Bei großen Flächen sind beim Öffnen der Gebinde Rückstellproben zu entnehmen.

Aber auch im besiedelten Raum sind möglichst standortnahe Herkünfte zu bevorzugen, v. a. dort, wo ein Diasporentransport in die freie Natur wahrscheinlich ist. Bei Arten, die in der unmittelbaren Umgebung nur selten vorkommen, sind auch im besiedelten Raum ausschließlich gesicherte standortheimische Herkünfte zu verwenden, um eine Florenverfälschung zu vermeiden.

Mögliche Qualitätsbezeichnungen für Pflanzen und Saatgut:

- Herkunftsgebiet nach Prasse: ....
- Ursprungsgebiet nach VWW (Verband deutscher Wildsamen- und Wildpflanzenproduzenten),
- Bereiche nach Netzwerk Blühende Landschaft/Tausende Gärten – Tausende Arten: ....,
- zertifizierter Produzent »Fachbetrieb für naturnahes Grün – empfohlen von Bioland«,
- aus zertifizierter biologischer Produktion,
- biogeografische Region Österreich gemäß REWISA- oder G-Zert-Zertifizierung,
- gesicherter Schweizer Ökotyp.

Bei Gehölzen sind standortheimische Herkünfte oft nur in kleinen Größen erhältlich, da sie meist in Forstbaumschulen produziert werden. Wo immer möglich, sollten sie auch im besiedelten Raum verwendet werden. Bei der Pflanzung von großen Pflanzgrößen von Gehölzen mit Ballen oder im Container besteht außerdem die Gefahr, dass die Pflanzen kein arteigenes Wurzelsystem mehr ausbilden können, z. B. keine Pfahlwurzeln. Damit sind sie dann in Hitze- und Trockenperioden besonders gefährdet. Der offene Boden bei Gehölzpflanzungen wird keinesfalls mit Rindenmulch abgedeckt, sondern mit einer Feldblumenmischung oder einer grasfreien Saummischung eingesät (siehe Position »Wildpflanzeneinsaat auf vorbereitetem Saatbett«). Alle gepflanzten Gehölze sind sorgfältig durch Pflöcke zu markieren und so vor Schäden durch Pflegearbeiten zu schützen. Das besonders schadensträchtige Ausmähen mit dem Freischneider ist nicht erlaubt. Ggf. ist zu hoher Bewuchs um die gepflanzten Gehölze auszuraufen oder herunterzutreten. Bei allen Gehölzpflanzungen, auch bei Ballenware, muss ein Pflanzschnitt vorgenommen werden.

Zu den größten Gefahren für Bäume auf Parkplätzen gehören Stammverletzungen durch ein- und ausparkende Autos. In den ersten zwei bis drei Jahren bietet die Baumverankerung einen gewissen Schutz. Für die Folgezeit ist eine vielfach bewährte Vorbeugungsmaßnahme das Setzen von Steinsäulen unmittelbar neben dem Ballen.

5.1. Vegetationstechnische Bodenarbeiten zur Einsaat auf vorhandenem Boden

5.1.1.	Einheit: m^2	**Entfernen eines artenarmen vorhandenen Bestandes (Schwarzbrache)**

Den vorhandenen Bestand entfernen durch:

- Abschälen und Entsorgen der Rasennarbe und nachfolgendes Fräsen, mind. 15 cm tief,
- zweimaliges Grubbern oder Eggen nach besonderer Anweisung des AGs bei trockenem Wetter und nachfolgendem Fräsen, mind. 15 cm tief; an der Oberfläche abgelegtes organisches Material ist jeweils abzurechen und zu entsorgen,
- Pflügen im Herbst und Eggen oder Fräsen im Frühjahr,
- Pflügen und Eggen oder Fräsen im Juli/August,

einschließlich Grob- und Feinplanum.

5.1.2.	Einheit: m^2	**Starke Störung des vorhandenen Bestandes**

Den vorhandenen Bestand nachhaltig stören durch:

- einmaliges Fräsen bei trockenem Wetter, mindestens 15 cm tief,
- einmaliges Grubbern und Fräsen bei trockenem Wetter, mind. 15 cm tief.

5.2.	Einheit: m^2	**Herstellung einer mineralischen Vegetationstragschicht**

Grob- und Feinplanum des Untergrundes,

- Natursteinschotter bzw. Kies, Körnung: *0/16; 0/32; 0/45* bzw. *0/8; 0/16; 0/32*
- Wandkies 0/ ....
- Vorsieb 0/ ....

Höhe: .... cm

Gütegesicherten Grünkompost:
.... *(5 – 50)* l/m^2,
oberflächlich einarbeiten,
einschließlich Grob- und Feinplanum.

5.3.	Einheit: m²	**Wildpflanzeneinsaat auf vorbereitetem Saatbett**

Frühestens 14 Tage nach Vorbereitung des Saatbettes Fläche noch einmal flach bearbeiten mittels:
- → Kreiselegge,
- → Egge,
- → Fräse,
- → Saatbettkombination,
- → Handarbeit: harken.

Bearbeitungstiefe maximal 5 cm.

Zertifiziertes Wildpflanzensaatgut, ausschließlich Wildformen aus gesicherten gebietsheimischen Herkünften,

Herkunftsbezeichnung: ....

Saatgutmischung: ....

Einzelsaaten gemäß beiliegender Liste.

Saatdichte: .... g/m²,

ggf. mischen mit Schnellbegrüner,
Art: ....

Saatdichte: .... g/m²,

mischen mit Füllstoff/Saathelfer,

bei Aussaat mit Sämaschine
Angabe der Menge: .... g/m²

Art des Saathelfers:
- → feuchter Sand,
- → Vermiculite,
- → Getreideschrot.

Gleichmäßig aufstreuen:
- → von Hand, 2 Saatgänge, kreuzweise jeweils über die gesamte Fläche,
- → mittels pneumatischer Sämaschine in Kombination mit Walze, z. B. Cambridgewalze.

Saatgut darf nicht eingearbeitet werden.

Einschließlich Lieferung Saathelfer und Anwalzen.

Saatgut wird bauseits gestellt oder gesondert vergütet.

5.4.	Einheit: m²	**Schröpfschnitt**

6 – 10 Wochen nach der Aussaat,
- → aufgrund der Beimischung von Schnellbegrüner,
- → bei stark aufkommenden einjährigen Beikräutern.

Schnitthöhe 6 cm,

mittels:
- → Balkenmäher,
- → Handarbeit (Sense),
- → Rasenmäher.

5.5.	Einheit: m²	**Entwicklungspflege der Einsaat**

Mähen der Einsaatfläche mittels:
- → Balkenmäher,
- → Spindelmäher,
- → Sense.

Anzahl der Arbeitsgänge im Jahr der Einsaat: ....

5.6.	Einheit: m^2	**Bedarfsposition Abräumen des Schnittguts**

Bei großer Blattmasse, die auch nach Trocknung die Einsaatfläche abdecken würde, vorsichtig von Hand zusammenrechen, laden und entsorgen.

5.7.	Einheit: Stück	**Pflanzung auf mineralischer Vegetationstragschicht**

Pflanzen von echten einheimische Wildarten:
- Stauden und Kleingehölzen im Topfballen,
- Gehölzen, Pflanzgröße: ....

Je Pflanze
- gütegesicherten Grünkompost,
- lehmigen Unterboden

ins Pflanzloch geben und mit Vegetationstragschicht mischen,

Menge je Pflanzloch in Liter: ....

Pflanzen etwas tiefer pflanzen als Oberkante Topfballen.

Beikräuter im Topf vor Pflanzung abstreifen, nicht auf der Fläche entsorgen, sondern unten ins Pflanzloch geben oder im Gefäß sammeln und getrennt entsorgen.

Pflanzen:
- gemäß Pflanzplan,
- wie ausgestellt,
- als Mischpflanzung ohne Pflanzplan immer zu 5 Exemplaren einer Art, Pflanzabstand in der Reihe und zwischen den Reihen .... *(30/35/40/45)* cm.

Anschließend angießen.

Zwischensaaten (einschließlich Anwalzen/Andrücken) werden nach dem Pflanzen vorgenommen, krautige Pflanzen dürfen überwalzt werden!

Pflanzen werden bauseits gestellt oder Lieferung wird gesondert vergütet

5.8.	Einheit: Stück	**Pflanzung von Sträuchern und Bäumen als Heister**

Pflanzung gemäß Pflanzplan in vorbereiteten Pflanzstreifen

Größe 1-, 2-, 3-mal verpflanzt,

40/60; 60/80; 80/100; 100/125; 125/150; 150/175; 175/200; 200/225; 225/250

Fachgerechtes Setzen inklusive sämtlicher Nebenleistungen, insbesondere: Graben der Pflanzgrube, Pflanzschnitt der Wurzeln und artgerechter Pflanzschnitt der Triebe bzw. der Krone.

Wiederverfüllen der Pflanzgruben mit dem Aushubmaterial.

Fachgerechte Sicherung mit 1 Schrägpflock aus nicht imprägniertem Holz, Länge 250 cm,

Durchmesser in cm: .... *(3 - 5)* cm.

Setzen eines Markierungspflocks unmittelbar neben der Pflanze, Länge 150 cm,

Durchmesser in cm: .... *(3 - 5)* cm.

Ausbilden einer ausreichend großen Gießmulde, Eingießen am Tag der Pflanzung (mindestens 10 l).

5.9.	Einheit: Stück	**Steinsäule als Baumwächter**

Steinsäule aus:
- regionalem Naturstein, Steinart: ....
- wiederverwertetem Naturstein,
- wiederverwertetem Beton.

Querschnitt circa 20 × 20 cm bis 30 × 30 cm, Höhe über Niveau 80 - 100 cm.

Neben dem Ballen/der Pflanze standsicher stehend versetzen.

5.10.	Einheit: Stück	**Einbau Gießhilfe**

Gießhilfen verwenden, in Form von:
- Gießring aus Kunststoff PE-LD,
  Maße: Durchmesser 100 cm,
  Höhe über GOK 20 cm,
- Gießsack für Bäume für Tropfbewässerung,
  Fassungsvermögen mindestens
  .... *(60 - 100)* l.

5.11.	Einheit: Stück	**Fertigstellungspflege: Gießen der Gehölze**

Im ersten/in den ersten beiden Jahren nach der Pflanzung.

Bewässerung in Gießmulde/Gießring/Gießsack.

Gießmenge: .... *(10 - 100)* l je Pflanze.

Die Bewässerung hat so zu erfolgen, dass die gesamte Wassermenge in die Pflanzgrube einsickern kann.

Anzahl der Arbeitsgänge pro Jahr: .... *(10 - 25)*.

5.12.	Einheit: Stück	**Fertigstellungspflege Gehölze**

Im ersten/in den ersten beiden Jahren nach der Pflanzung.

Überprüfen von Bindung und Stammschutz: ggf. lockern oder wiederherstellen.

Ausschneiden von Dürrholz, artgerechtes Auslichten bei unbefriedigendem Wachstum.

Freistellen der neu gepflanzten Gehölze.

Der Aufwuchs von Gräsern und Kräutern ist wahlweise niederzutreten oder mit Sicheln, Sensen oder Heckenscheren auszuschneiden. Das Schnittgut kann ggf. als Mulchschicht unter den Sträuchern ausgebreitet werden.

Die Verwendung von Motorsense oder Freischneider ist nicht zulässig.

Anzahl der Arbeitsgänge pro Jahr: 2.

6. Unterhaltungspflege Blumenwiesen, Blumenrasen und Säume

6.0. Allgemeine Regelungen für Pflegearbeiten Blumenwiesen, Blumenrasen und Säume

Der Preis der Einzelleistungen ergibt sich aus dem Einheitspreis, geteilt durch die Anzahl der Pflegegänge, auch wenn für einen Pflegegang mehrere Anfahrten notwendig sind, z. B. bei Blumenwiesen.

Bei Blumenwiesen und -rasen sowie bei Teichen und Versickerungsflächen werden die von der Mahd ausgenommenen Flächen übermessen, bei Säumen und Hecken werden nur die bearbeiteten Bereiche abgerechnet.

6.1.	Einheit: m^2	**Mähen Blumenwiese (nährstoffreich)**

Schnitthöhe mindestens 10 cm.

Die Mahd hat in einer Schönwetterperiode stattzufinden.

10 – 30 % der Fläche werden nach besonderer Anweisung des AGs von der Mahd ausgenommen (Mosaikmahd).

Anzahl der auszunehmenden Flächen: ....

Durchschnittliche Größe der auszunehmenden Flächen in m^2: ....

Ausgenommene Flächen werden bei der nachfolgenden Mahd meist wiedereinbezogen, einige Teilflächen werden nach besonderer Anweisung des AGs über mehrere Mahdgänge ausgenommen.

Die Mahd wird streifenweise von einer Seite der Fläche zur anderen durchgeführt, kreisförmige Mahd von außen nach innen ist verboten.

Die Tageszeit der Mahd wird vom AG festgelegt. Bei Amphibien und Reptilien auf der Fläche wird mittags gemäht; wenn die Fläche hauptsächlich von Insekten besucht wird, in den Morgenstunden.

Mahd ausschließlich mit:
- Balkenmäher in niedriger Geschwindigkeit,
- Heckenschere an Teleskopstange,
- Sense.

Mahdtermin nach Anweisung des AGs, Zeitpunkt wird phänologisch festgelegt:
- 1. Schnitt, wenn die Margeriten beginnen, zu verblühen,
- 2. Schnitt, wenn der Aufwuchs erneut mind. 40 cm hoch ist,
- 3. Schnitt im Oktober.

Bei starker Dominanz von Gräsern kann der 1. Schnitt auch ab Ende April erfolgen.

Schnittgut auf der Fläche trocknen:
- Mähen und auf der Fläche ausgebreitet trocknen,
- nach mindestens 2 und höchstens 6 Tagen Material aufnehmen und laden.

Entsorgung wird separat vergütet.

Oder

Schnittgut aufnehmen und nach besonderer Anweisung des AGs auf dem Grundstück zu Habitatelement aufschichten.

3 Arbeitsgänge pro Jahr.

6.2.	Einheit: m²	**Mähen Blumenwiese (nährstoffarm)**

Schnitthöhe mindestens 10 cm.

Die Mahd hat in einer Schönwetterperiode stattzufinden.

10 - 30 % der Fläche werden nach besonderer Anweisung des AGs von der Mahd ausgenommen (Mosaikmahd).

Anzahl der auszunehmenden Flächen: ....

Durchschnittliche Größe der auszunehmenden Flächen in m²: ....

Ausgenommene Flächen werden bei der nachfolgenden Mahd meist wiedereinbezogen, einige Teilflächen werden nach besonderer Anweisung des AGs über mehrere Mahdgänge ausgenommen.

Die Mahd wird streifenweise von einer Seite der Fläche zu anderen durchgeführt, kreisförmige Mahd von außen nach innen ist verboten.

Tageszeit der Mahd wird vom AG festgelegt. Bei Amphibien und Reptilien auf der Fläche wird mittags gemäht; wenn die Fläche hauptsächlich von Insekten besucht wird, in den Morgenstunden.

Mahd ausschließlich mit:
- Balkenmäher in niedriger Geschwindigkeit,
- Sense,
- Heckenschere an Teleskopstange.

Mahdtermin nach Anweisung des AGs, Zeitpunkt wird phänologisch festgelegt:
- 1. Schnitt, wenn die Margeriten beginnen zu verblühen,
- 2. Schnitt im September/Oktober.

Bei starker Dominanz von Gräsern kann der 1. Schnitt auch ab Ende April erfolgen.

Schnittgut auf der Fläche trocknen:
- Mähen und auf der Fläche ausgebreitet trocknen,
- nach mindestens 2 und höchstens 6 Tagen Material aufnehmen und laden.

Entsorgung wird separat vergütet.

Oder

Schnittgut aufnehmen und nach besonderer Anweisung des AGs auf dem Grundstück zu Habitatelement aufschichten.

2 Arbeitsgänge pro Jahr.

6.3.	Einheit: m²	**Zulage für 6.1. und 6.2. für traditionelle Wiesenpflege**

Wie vor, jedoch Schnittgut auf der Fläche zu Heu trocknen:
- 1. Tag: Mähen, Zetten und Schwaden (2 Arbeitsgänge),
- 2. Tag: Zetten und Schwaden (2 Arbeitsgänge),
- 3. Tag: nach Trocknung abräumen.

Mahdgut aufnehmen.

Entsorgung wird separat vergütet.

Oder

Schnittgut aufnehmen und nach besonderer Anweisung des AGs auf dem Grundstück zu Habitatelement aufschichten.

.... *(2 - 3)* Arbeitsgänge pro Jahr.

6.4.	Einheit: m^2	**Mähen Blumenkräuterrasen**

Blumenkräuterrasen werden häufiger gemäht als Blumenwiesen.

Schnitthöhe mindestens 8 cm.

10 - 30 % der Fläche werden nach besonderer Anweisung des AGs von der Mahd ausgenommen (Mosaikmahd).

Anzahl der auszunehmenden Flächen: ....

Durchschnittliche Größe der auszunehmenden Flächen in m^2: ....

Ausgenommene Flächen werden bei der nachfolgenden Mahd meist wiedereinbezogen, einige Teilflächen werden nach besonderer Anweisung des AGs über mehrere Mahdgänge ausgenommen.

Die Mahd wird streifenweise von einer Seite der Fläche zur anderen durchgeführt, kreisförmige Mahd von außen nach innen ist verboten.

Tageszeit der Mahd wird vom AG festgelegt. Bei Amphibien und Reptilien auf der Fläche wird mittags gemäht; wenn die Fläche hauptsächlich von Insekten besucht wird, in den Morgenstunden.

Mahd ausschließlich mit:
- → Balkenmäher in niedriger Geschwindigkeit,
- → Heckenschere an Teleskopstange,
- → Sense,
- → Rasenmäher/Spindelmäher.

Mahdtermin nach Anweisung des AGs, Zeitpunkt wird phänologisch festgelegt:
- → 1. Schnitt von Teilflächen Ende April/ Anfang Mai,
- → 2. Schnitt, wenn die Margeriten beginnen zu verblühen,
- → 3. bis 5. Schnitt je nach Aufwuchs,
- → 6. Schnitt im Oktober.

Mahdgut aufnehmen.

Entsorgung wird separat vergütet.

Oder

Schnittgut aufnehmen und nach besonderer Anweisung des AGs auf dem Grundstück zu Habitatelement aufschichten.

6 Arbeitsgänge pro Jahr.

6.5.	Einheit: m^2	**Mähen Saumvegetation/Versickerungsfläche**

Schnitthöhe mindestens 10 cm.

50 % der Fläche werden nach besonderer Anweisung des AGs von der Mahd ausgenommen (Mosaikmahd). Ausgenommene Flächen werden bei der nachfolgenden Mahd wiedereinbezogen, gemähte Fläche wird bei der nachfolgenden Mahd ausgelassen, d. h. jede Fläche wird alle zwei Jahre gemäht.

Anzahl der zu mähenden Teilflächen: ....

Größe der zu mähenden Teilflächen in m^2: ....

Die Mahd wird streifenweise von einer Seite der Fläche zur anderen durchgeführt, kreisförmige Mahd von außen nach innen ist verboten.

Tageszeit der Mahd wird vom AG festgelegt. Bei Amphibien und Reptilien auf der Fläche wird mittags gemäht; wenn die Fläche hauptsächlich von Insekten besucht wird, in den Morgenstunden.

Mahd ausschließlich mittels:

- Balkenmäher in niedriger Geschwindigkeit,
- Heckenschere an Teleskopstange,
- Sense/Forstsense,
- Sichel (bei kleinen Flächen).

Mahdtermin nach Anweisung des AGs im frühen Frühjahr (Ende Februar) oder im späten Sommer (September bis Oktober).

Mahdgut aufnehmen.

Entsorgung des Schnittgutes wird separat vergütet.

Oder

Schnittgut aufnehmen und nach besonderer Anweisung des AGs auf dem Grundstück zu Habitatelement aufschichten.

1 Arbeitsgang pro Jahr.

6.6.	Einheit: m²	**Mähen Blumenschotterrasen**

Schnitthöhe mindestens 8 cm.

10 – 30 % der Fläche werden nach besonderer Anweisung des AGs von der Mahd ausgenommen (Mosaikmahd).

Anzahl der auszunehmenden Flächen: ....

Durchschnittliche Größe der auszunehmenden Flächen in m²: ....

Ausgenommene Flächen werden bei der nachfolgenden Mahd meist wiedereinbezogen, einige Teilflächen werden über mehrere Mahdgänge ausgenommen.

Die Mahd wird streifenweise von einer Seite der Fläche zur anderen durchgeführt, kreisförmige Mahd von außen nach innen ist verboten.

Tageszeit der Mahd wird vom AG festgelegt. Bei Amphibien und Reptilien auf der Fläche wird mittags gemäht; wenn die Fläche hauptsächlich von Insekten besucht wird, in den Morgenstunden.

Mahd mittels:

- → Balkenmäher in niedriger Geschwindigkeit,
- → Heckenschere an Teleskopstange,
- → Sense,
- → Sichel (bei kleinen Flächen).

Mahdtermin nach Anweisung des AGs in der Zeit vom 1.4. bis 1.10.

Mahdgut aufnehmen.

Entsorgung des Schnittgutes wird separat vergütet.

Oder

Schnittgut aufnehmen und nach besonderer Anweisung des AGs auf dem Grundstück zu Habitatelement aufschichten.

1 Arbeitsgang pro Jahr.

6.7.	Einheit: m²	**Zulage für das Trocknen des Mahdgutes zur Förderung der Aussaat**

Mahdgut auf der Fläche ausgebreitet trocknen.

Nach mindestens 2 und höchstens 6 Tagen Material aufnehmen und laden.

7. Unterhaltungspflege Gehölze

7.1.	Einheit: m	**Pflege Strauchhecke**

Pflege verschiedener einheimischer Wildgehölze,

Wuchshöhe der Pflanzung in m: ....

Wuchsbreite der Pflanzung in m: ....

Abschneiden von überhängenden Zweigen nach besonderer Anweisung des AGs,

nicht internodial schneiden, sondern an einer Verzweigung oder stammnah,

mittels Baumschere und/oder Handsäge.

Entfernen von unerwünschten Baumsämlingen durch Ausreißen oder bodennahes Abschneiden.

Schnittgut aufnehmen.

Entsorgung des Schnittgutes wird separat vergütet.

Oder

Schnittgut aufnehmen und nach besonderer Anweisung des AGs auf dem Grundstück zu Habitatelement aufschichten.

Abrechnung nur der bearbeiteten Bereiche.

1 Arbeitsgang pro Jahr nach 31.10. und vor 1.3.

7.2.	Einheit: m	**Verjüngung der Strauchhecke (einmal in 10 - 20 Jahren) durch Knicken**

Höhe vor dem Verjüngen bis .... m.

Breite vor dem Verjüngen bis .... m.

Länge der zu verjüngenden Teilbereiche bis *10 m.*

Es wird maximal die Hälfte der Hecke in einem Jahr verjüngt.

Der Bewuchs wird 30 - 50 cm über dem Boden teilweise eingeschnitten und dann in eine Richtung umgeknickt,

mittels Motorsäge oder Knickschere.

Wenn Stämmlinge abbrechen, bleiben diese vor Ort liegen.

Anzahl der erfolgreich geknickten Stämmlinge je m^2: mindestens *3.*

Pflegegang nach 31.10. und vor 1.3.

Aufnehmen des Schnittguts, falls zu viel Material anfällt:

Entsorgung des Schnittgutes wird separat vergütet.

Oder

Schnittgut aufnehmen und nach besonderer Anweisung des AGs auf dem Grundstück zu Habitatelement aufschichten.

Abrechnung nur der bearbeiteten Bereiche.

7.3.	Einheit: m	**Verjüngung der Strauchhecke (einmal in 10 - 20 Jahren) durch Auf-den-Stock-Setzen**

Höhe vor dem Verjüngen bis .... m.

Breite vor dem Verjüngen bis .... m.

Länge der zu verjüngenden Teilbereiche bis *10 m.*

Es wird maximal die Hälfte der Hecke in einem Jahr verjüngt.

Abschneiden des kompletten Bewuchses im zu pflegenden Bereich,

10 - 30 cm über dem Boden, mit Motorsäge.

Nach besonderer Anweisung des AGs markierte Überhälter ausnehmen, nicht abschneiden.

Pflegegang nach 31.10. und vor 1.3.

Aufnehmen des Schnittguts:

Entsorgung des Schnittgutes wird separat vergütet.

Oder

Schnittgut aufnehmen und nach besonderer Anweisung des AGs auf dem Grundstück zu Habitatelement aufschichten.

Abrechnung nur der bearbeiteten Bereiche.

7.4.	Einheit: Stück	**Kulissenschnitt Sträucher**

1/3; 1/4 der Strauchpflanzung,

Höhe der Gehölze bis .... m.

Breite der Gehölze bis .... m.

Nach besonderer Anweisung des AGs in Gruppen zu 2 - 5 Stück auf den Stock setzen,

10 - 30 cm über dem Boden abschneiden, mit Motorsäge.

Pflegegang nach 31.10. und vor 1.3.

Aufnehmen des Schnittguts:

Entsorgung des Schnittgutes wird separat vergütet.

Oder

Schnittgut aufnehmen und nach besonderer Anweisung des AGs auf dem Grundstück zu Habitatelement aufschichten.

7.5.	Einheit: Stück	**Auslichtungs- und Verjüngungsschnitt Solitärgehölze**

Höhe der Gehölze bis .... m.

Breite der Gehölze bis .... m.

Älteste Triebe bodennah herausnehmen,

maximal .... % der Triebe,

mindestens .... % der Triebe.

Bei Längeneinkürzung der übrigen Triebe auf untergeordneten Trieb ableiten,

nicht internodial schneiden, sondern an Verzweigung oder stammnah,

mittels Baumschere und/oder Handsäge.

Aufnehmen des Schnittguts:

Entsorgung des Schnittgutes wird separat vergütet.

Oder

Schnittgut aufnehmen und nach besonderer Anweisung des AGs auf dem Grundstück zu Habitatelement aufschichten.

1 Arbeitsgang pro Jahr.

Zeitraum: Anfang Juli bis Ende August.

8. Unterhaltungspflege Staudenbeete

8.1.	Einheit: m^2	**Extensive Pflege Staudenbeet**

Mahd nach besonderer Anweisung des AGs:
- im frühen Frühjahr vor dem Austreiben der Frühblüher,
- im späten Frühjahr nach Einziehen der Frühblüher,
- im Frühsommer als Remontierschnitt,

mittels:
- Heckenschere, ggf. an Teleskopstange,
- Balkenmäher in niedriger Geschwindigkeit,
- Sense.

Aufnehmen des Schnittguts:

Entsorgung des Schnittgutes wird separat vergütet.

Oder

Schnittgut aufnehmen und nach besonderer Anweisung des AGs auf dem Grundstück zu Habitatelement aufschichten.

Abrechnung nur der bearbeiteten Bereiche.

1 Arbeitsgang pro Jahr.

8.2.	Einheit: m^2	**Intensive Pflege Staudenbeet**

Durchputzen der Pflanzflächen, jäten nur der unerwünschten Beikräuter und Gehölzsämlinge nach besonderer Anweisung des AGs, z. B. Ackerwinde, Ackerkratzdistel, Gänsedistel, invasive Neophyten.

Mitarbeitende müssen Arten erkennen können!

Rückschnitt trockener Staudenstängel, soweit sie gestalterisch stören; ein gewisser Anteil auch überjähriger trockener Staudenstängel ist erwünscht, ggf. einkürzen.

Anteil belassener Staudenstängel

mindestens .... %,

maximal .... %.

Selektiver Remontierschnitt eines Teils der Sommerblüher nach besonderer Anweisung des AGs kurz vor oder zu Beginn der Blüte.

Einschließlich Entsorgung des Schnittgutes.

Oder

Schnittgut aufnehmen und nach besonderer Anweisung des AGs auf dem Grundstück zu Habitatelement aufschichten.

Oder

als locker gebundene Garben in Bäume hängen, einschließlich Bindegarn aus Hanf oder Kokos.

Abrechnung nur der bearbeiteten Bereiche.

5 Arbeitsgänge pro Jahr.

8.3.	Einheit: m^2	**Laub entfernen**

Mittels Abrechen (nur auf mageren Standorten, Blumenkräuterrasen und Blumenwiesen).

Laub aufnehmen und nach besonderer Anweisung des AGs auf dem Grundstück im Bereich von Gehölzflächen zu Habitatelement aufschichten.

1 Arbeitsgang pro Jahr.

9. Unterhaltungspflege Habitatelemente und Trockenmauer

9.1.	Einheit: m²	Pflege Habitatelement Lebensraumholz

Stehend/liegend.

Maße: Länge × Höhe × Breite in cm =

.... cm × .... cm × .... cm.

Überprüfung der Standsicherheit mittels Rütteltest bei stehendem Holz.

Entfernen von unerwünschtem Bewuchs nach besonderer Anweisung des AGs.

Entsorgung des Schnittgutes wird separat vergütet.

Oder

Schnittgut aufnehmen und nach besonderer Anweisung des AGs auf dem Grundstück zu Habitatelement aufschichten.

1 Arbeitsgang pro Jahr.

9.2.	Einheit: m	Ergänzung/Ersatz von verrottetem Lebensraumholz

Stehend/liegend.

Durchmesser zwischen

.... und .... cm,

Länge circa .... cm,

Holzart: ....

Standfest nach besonderer Anweisung des AGs einbauen.

Lieferung und Einbau.

9.3.	Einheit: Stück	Pflege Habitatelement Steinhaufen

Maße: Länge × Höhe × Breite in cm =

.... cm × .... cm × .... cm.

Ggf. Überprüfung der Verkehrssicherheit mittels Rütteltest.

Entfernen von unerwünschtem Bewuchs nach besonderer Anweisung des AGs.

Entsorgung des Schnittgutes wird separat vergütet.

Oder

Schnittgut aufnehmen und nach besonderer Anweisung des AGs auf dem Grundstück zu Habitatelement aufschichten.

1 Arbeitsgang pro Jahr.

9.4.	Einheit: m²	Pflege Habitatelement Rohbodenstandort

Maße: Länge × Höhe × Breite in cm =

.... cm × .... cm × .... cm.

Entfernen von unerwünschtem Bewuchs nach besonderer Anweisung des AGs.

Entsorgung des Schnittgutes wird separat vergütet.

Oder

Schnittgut aufnehmen und nach besonderer Anweisung des AGs auf dem Grundstück zu Habitatelement aufschichten.

1 Arbeitsgang pro Jahr, nach 31.10. und vor 1.3.

9.5.	Einheit: Stück	**Pflege Nisthilfen für Vögel**

Für Vogelart: ....

Angebracht in Höhe über GOK in cm: ....

Nisthilfe abnehmen,

Inhalt entnehmen und Nisthilfe mit kochend heißem Wasser reinigen.

Schadhafte Kleinteile ersetzen.

Nisthilfe anbringen.

Persönliche Schutzausrüstung notwendig (Zecken, Flöhe, Läuse, Viren, Bakterien): Handschuhe, Atemschutzmaske.

Den ausgeräumten Inhalt luftdicht verpacken und dem Restmüll zuführen.

Einschließlich notwendiger Kleinteile und Entsorgung des Nistkasteninhalts.

1 Arbeitsgang pro Jahr im September/Oktober.

9.6.	Einheit: m	**Pflege Trockenmauer**

Überprüfung der Verkehrssicherheit mittels Rütteltest.

Decksteine dürfen nicht verschiebbar/locker liegen.

Entfernen von unerwünschtem Bewuchs nach besonderer Anweisung des AGs,

insbesondere sind Gehölzsämlinge in der Mauer, am Mauerfuß und an der Mauerkrone zu entfernen.

Entsorgung des Schnittgutes wird separat vergütet.

Oder

Schnittgut aufnehmen und nach besonderer Anweisung des AGs auf dem Grundstück zu Habitatelement aufschichten.

1 Arbeitsgang pro Jahr.

9.7.	Einheit: m^2	**Renovierung schadhafter Bereiche der Trockenmauer**

Abbau der lockeren Steine und Ersatz durch schwerere/besser eingebaute Steine.

Steinart entsprechend Bestand: ....

Anlauf entsprechend dem Anlauf der Mauer in %: ....

Im Fugenmuster der Bestandsmauer: ....

Keine Kreuzfugen, keine durchgehenden Stoßfugen, Lagerfugen möglichst nicht länger als 5 Steine,

große Steine als Basis und Decksteine sowie an Mauerenden,

die oberen Steine dürfen nicht locker liegen, um Vandalismus vorzubeugen.

Hinterfüllung reicht bis hinter Deckstein.

Hinterfüllung parallel zum Maueraufbau auffüllen und verdichten.

Horizontale Fugen nicht mit Schotter oder Erde auffüllen,

Stein ruht auf Stein.

Abrechnung nach Abwicklung, vertikale Ansichtsfläche

(einschließlich Lieferung und Einbau Steine und Hinterfüllung).

10. Unterhaltungspflege Teiche und Versickerungsflächen

10.1.	Einheit: m²	Pflege Teich

Kontrolle der Kapillarsperre auf Funktionalität, ggf. wiederaufstellen, frei räumen von Bewuchs,

entfernen wuchernder Vegetationsbereiche nach besonderer Anweisung des AGs.

Flächenanteil der zu entfernenden Vegetation in %: ....

Entnommenes Material ist mindestens 3 Tage neben dem Teich zu lagern und spätestens nach 10 Tagen zu entfernen.

Rückschnitt der trockenen Staudenstängel mittels:

- Baumschere,
- Heckenschere, ggf. an Teleskopstange.

Schnittgut abrechen.

Es ist sorgfältig darauf zu achten, dass die Dichtfolie nicht verletzt wird.

Aufnehmen des Schnittgutes:

Entsorgung des Schnittgutes wird separat vergütet.

Oder

Schnittgut aufnehmen und nach besonderer Anweisung des AGs auf dem Grundstück zu Habitatelement aufschichten.

1 Arbeitsgang pro Jahr im Frühjahr (März/April).

10.2.	Einheit: m²	Remontierschnitt Teichbepflanzung

Zum Entzug von Nährstoffen bei Eutrophierung.

Rückschnitt der Pflanzen des Flachwasserbereiches,

10 – 30 % der Fläche werden nach besonderer Anweisung des AGs ausgenommen.

Anzahl der auszunehmenden Flächen: ....

Durchschnittliche Größe der auszunehmenden Flächen in m²: ....

Schnitt mittels:

- Baumschere,
- Heckenschere, ggf. an Teleskopstange.

Schnittgut abrechen.

Es ist sorgfältig darauf zu achten, dass die Dichtfolie nicht verletzt wird.

Aufnehmen des Schnittgutes:

Entsorgung des Schnittgutes wird separat vergütet.

Oder

Schnittgut aufnehmen und nach besonderer Anweisung des AGs auf dem Grundstück zu Habitatelement aufschichten.

1 Arbeitsgang pro Jahr im Sommer (Juli/August).

10.3.	Einheit: m²	**Auf- und Abbau eines Laubschutznetzes**

Dafür geeignetes Gerüst aus unbehandeltem Holz bauen,

Latten/Kantholz, Querschnitt in mm: *24 mm × 48 mm/40 mm × 60 mm*

Köcherfundamente für Gerüstlatten vorhanden/nicht vorhanden.

Laubschutznetz darf nicht ins Wasser hängen (Teefiltereffekt).

Konstruktion direkt nach Laubfall wieder entfernen.

Laub nach besonderer Anweisung des AGs in Gehölzbereichen zu Habitatelement aufschichten.

Einschließlich Gestellung, Entsorgung oder Lagerung aller notwendigen Materialien.

1 Arbeitsgang pro Jahr.

Aufwand bei Anlage und Pflege

Dieses Buch soll Appetit machen auf die verschiedenen Möglichkeiten, die biologische Vielfalt auf öffentlichen und gewerblichen Grünflächen zu fördern. Was umgesetzt wird, sollte zuerst nach den funktionalen und ästhetischen Ansprüchen entschieden werden. Jedes Bauprojekt muss aber auch in den Rahmen eingepasst werden, der durch die zur Verfügung stehenden Ressourcen vorgegeben wird. Die folgende Tabelle soll dabei helfen, die Wünsche an die Ressourcen anzupassen, denn immer gibt es eine Möglichkeit, auch bei knappen Vorgaben etwas Sinnvolles für die biologische Vielfalt zu tun.

Begrünungstyp	Seite	Finanzieller Aufwand	Gestalterischer Aufwand	Expertise bei der Planung	Expertise bei der Anlage	Expertise bei der Pflege
Anspruchsvolle Pflanzungen	37	hoch	hoch	hoch	hoch	hoch
Heimische Wildsträucher	43	mittel	mittel	mittel	niedrig	mittel
Boidiversitätsförd. Bäume	48	mittel	hoch	hoch	hoch	hoch
Blumenwiese und Saum, Pflegeumstellung	55	niedrig	niedrig	hoch	nicht anwendbar	mittel
Einjährige Zwischenbegrünung	58	niedrig	niedrig	niedrig	niedrig	niedrig
Mehrjährige Zwischenbegrünung	61	niedrig	niedrig	niedrig	niedrig	niedrig
Wildblumeninseln	64	niedrig	niedrig	niedrig	niedrig	niedrig
Magerstandorte	67	mittel	niedrig	mittel	niedrig	niedrig
Blumenkräuterrasen	72	mittel	niedrig	niedrig	niedrig	mittel
Blumenwiese	76	mittel	niedrig	niedrig	niedrig	mittel
Blühender Saum	80	mittel	niedrig	niedrig	niedrig	mittel
Beweidete Fläche	85	niedrig	niedrig	mittel	nicht anwendbar	hoch
Wilde Ecken	87	niedrig	niedrig	mittel	nicht anwendbar	mittel
Frühblüher	89	hoch	mittel	niedrig	niedrig	niedrig
Wildblumenschotterrasen	93	mittel	niedrig	mittel	mittel	niedrig
Begrüntes Pflaster	97	hoch	hoch	mittel	hoch	niedrig
Trockenmauer	100	hoch	hoch	hoch	hoch	niedrig
Dachbegrünung	104	hoch	mittel	hoch	hoch	niedrig
Fassadenbegrünung	108	hoch	mittel	hoch	hoch	mittel
Essbare Pflanzen	112	hoch	mittel	hoch	mittel	hoch
Versickerungsflächen	116	mittel	mittel	hoch	niedrig	mittel
Kleingewässer	120	hoch	hoch	hoch	hoch	mittel
Lebensraumholz, naturnah oder als Kunstobjekt	125	niedrig oder hoch	mittel oder hoch	niedrig oder mittel	niedrig oder hoch	niedrig
Asthaufen	127	niedrig	niedrig	niedrig	niedrig	niedrig
Steinhaufen	128	niedrig	niedrig	mittel	niedrig	niedrig
Vogeltränke	130	niedrig	niedrig	niedrig	niedrig	niedrig
Offene Bodenfläche	130	niedrig	niedrig	mittel	niedrig	niedrig

Anhang

Informationen zur Förderung der Biodiversität

Deutschland

Umweltzentrum Hannover e. V.
Außenstelle Natur
Hausmannstraße 9 – 10
30159 Hannover
www.umweltzentrum-hannover.de

Heinz Sielmann Stiftung
Naturnahe Firmengelände/
Biodiversitätsprojekte
Sielmann-Weg 1
Gut Herbigshagen
37115 Duderstadt
www.sielmann-stiftung.de

NaturGarten e. V.
Verein für naturnahe Garten- und Landschaftsgestaltung
Hinter Hoben 149
53113 Bonn
www.naturgarten.org

Luxemburg

Naturpark Our
D'Naturparken zu Lëtzebuerg – (een) Insekteräich
12, Parc
9836 Hosingen
www.naturpark-our.lu
www.insekten.lu

Österreich

Verein REWISA-Netzwerk
Tulpengasse 8A
4400 Steyr
www.rewisa.at

Schweiz

Bioterra
Scheideggstrasse 73
8038 Zürich
www.bioterra.ch

Fortbildung oder Zertifizierung im naturnahen Gartenbau

Fortbildung zum »Naturgartenprofi«, NaturGarten e. V. (www.naturgarten-akademie.org)

Lehrgang »Naturnaher Garten- und Landschaftsbau« der Zürcher Hochschule für Angewandte Wissenschaften, Wädenswil (www.zhaw.ch)

Prüfung zum »Fachbetrieb für naturnahes Grün, empfohlen von Bioland« (www.naturgarten-fachbetriebe.org)

Zertifizierung zum Bioterra-Naturgartenfachbetrieb (www.bioterra.ch)

Zertifizierung zum REWISA-Naturgartenfachbetrieb (www.rewisa.at)

Literaturauswahl zum Weiterlesen

Ulrike Aufderheide: **Klimawandel, Klimakrise, Klimakatastrophe,** Natur&Garten 1/21, zu beziehen über: www.naturgarten.org

Ulrike Aufderheide: **Klimafest und artenreich – das Naturgartenprinzip,** pala-verlag

Ulrike Aufderheide: **Schöne Wege im Naturgarten,** pala-verlag

Ulrike Aufderheide: **Tiere pflanzen,** pala-verlag

Forschungsgesellschaft Landschaftsentwicklung Landschaftsbau (FLL) e. V., Broschüren zu beziehen über die Forschungsgesellschaft, www.fll.de:
ZTV-Wegebau Fachbericht zu Planung;
Bau und Instandhaltung von Wassergebundenen Wegen;
Empfehlungen für Planung, Bau und Instandhaltung von Trockenmauern aus Naturstein;
Empfehlungen für Baumpflanzungen, Teil 1 und 2;
Zusätzliche Technische Vertragsbedingungen und Richtlinien für Baumpflege

FLL e. V.: **Musterleistungsverzeichnis Freianlagen und Musterzeitwerte 2023,** Datei als Download über den Shop der Forschungsgesellschaft: www.fll.de

Fritz Hilgenstock, Reinhard Witt: **Das Naturgartenbau-Buch** (2 Bände), NaturGarten Verlag

Brigitte Kleinod und Friedhelm Strickler: **Schön wild!,** pala-verlag

Ministerium für Umwelt, Klima und nachhaltige Entwicklung Luxemburg: **Leitfaden Gutes Licht im Außenraum**, als PDF-Datei zu beziehen über: www.emwelt.lu

Naturpark Our, Projekt D'Naturparken zu Lëtzebuerg - (een) Insekteräich: **Biodiversitätsfördernde Gestaltungen im öffentlichen Grün mit Pflanzenlisten,** www.insekten.lu/pl

Pro Natura Seeland: **Wildfallen im Siedlungsraum,** als PDF-Datei verfügbar über: www.birdlife.ch

M. Rössler, W. Doppler, R. Furrer, H.Haupt, H. Schmid, A. Schneider, K. Steiof, C. Wegworth: **Vogelfreundliches Bauen mit Glas und Licht,** Schweizerische Vogelwarte Sempach, www.vogelglas.vogelwarte.ch

Wiener Umweltanwaltschaft: **Österreichischer Leitfaden Außenbeleuchtung,** Veröffentlichung im Auftrag der LandesumweltreferentInnenkonferenz, www.wua-wien.at

Peter Steiger: **Heimische Wildstauden im Garten,** Verlag Eugen Ulmer

Reinhard Witt: **Nachhaltige Pflanzungen und Ansaaten,** NaturGarten Verlag

Umweltzentrum Hannover: **Naturnahe Gestaltung – Hilfestellung für Ausschreibungen,** als PDF-Datei zu beziehen über: www.aussenstellenatur.de

Register der Pflanzennamen

Sachindex

Werner David:
Fertig zum Einzug: Nisthilfen für Wildbienen
ISBN: 978-3-89566-358-1

Ulrike Aufderheide:
Tiere pflanzen
ISBN: 978-3-89566-388-8

Michael Altmoos:
Besonders: Schmetterlinge
ISBN: 978-3-89566-408-3

Sigrid Tinz:
Der Friedhof lebt!
ISBN: 978-3-89566-413-7

Brigitte Kleinod / Friedhelm Strickler:
Schön wild!
ISBN: 978-3-89566-367-3

Sigrid Tinz:
Haufenweise Lebensräume
ISBN: 978-3-89566-389-5

Ulrike Aufderheide:
Schöne Wege im Naturgarten
ISBN: 978-3-89566-340-6

Uwe Westphal:
Das große Buch der Gartenvögel
ISBN: 978-3-89566-375-8